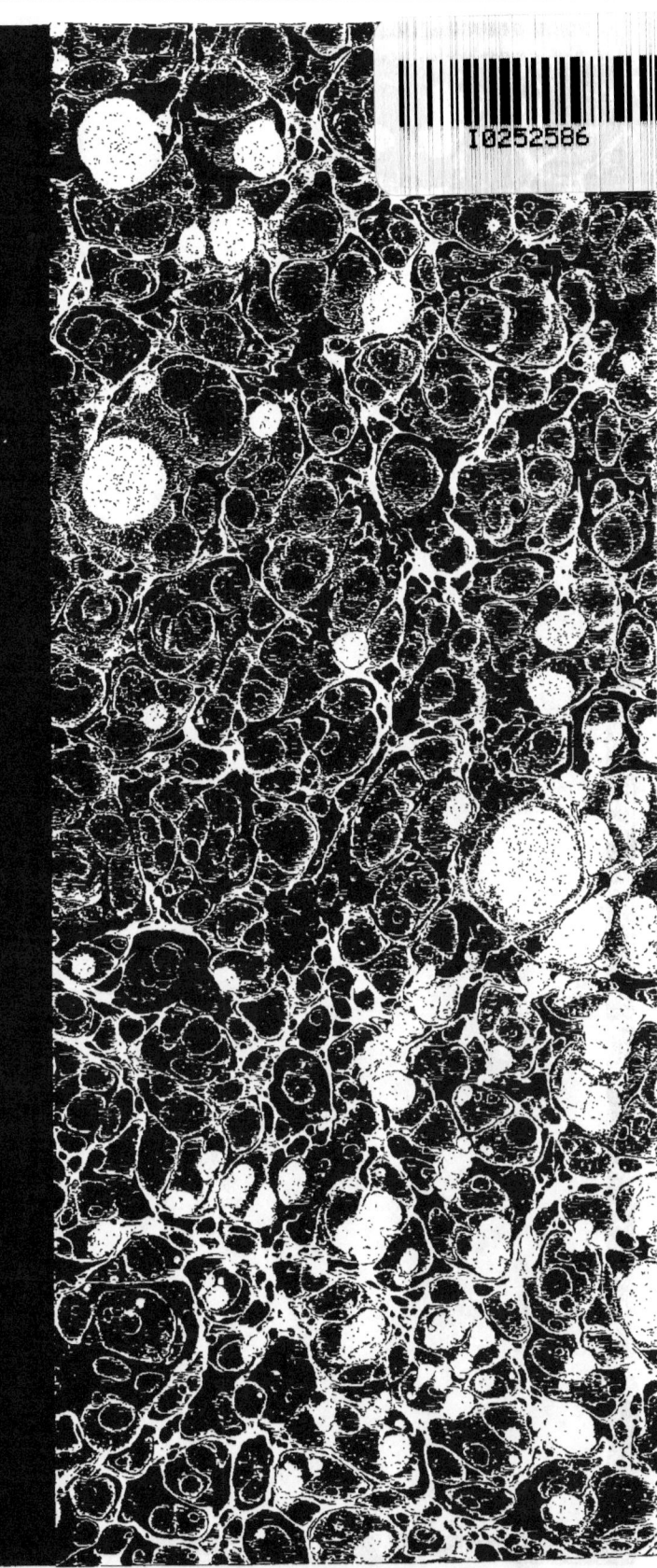

ROBERT 1980

LE BARON
DE
L'EMPIRE,

PAR M. MERVILLE.

Tome Troisième.

PARIS.
AMBROISE DUPONT, ÉDITEUR,
RUE VIVIENNE, N. 16.

1832.

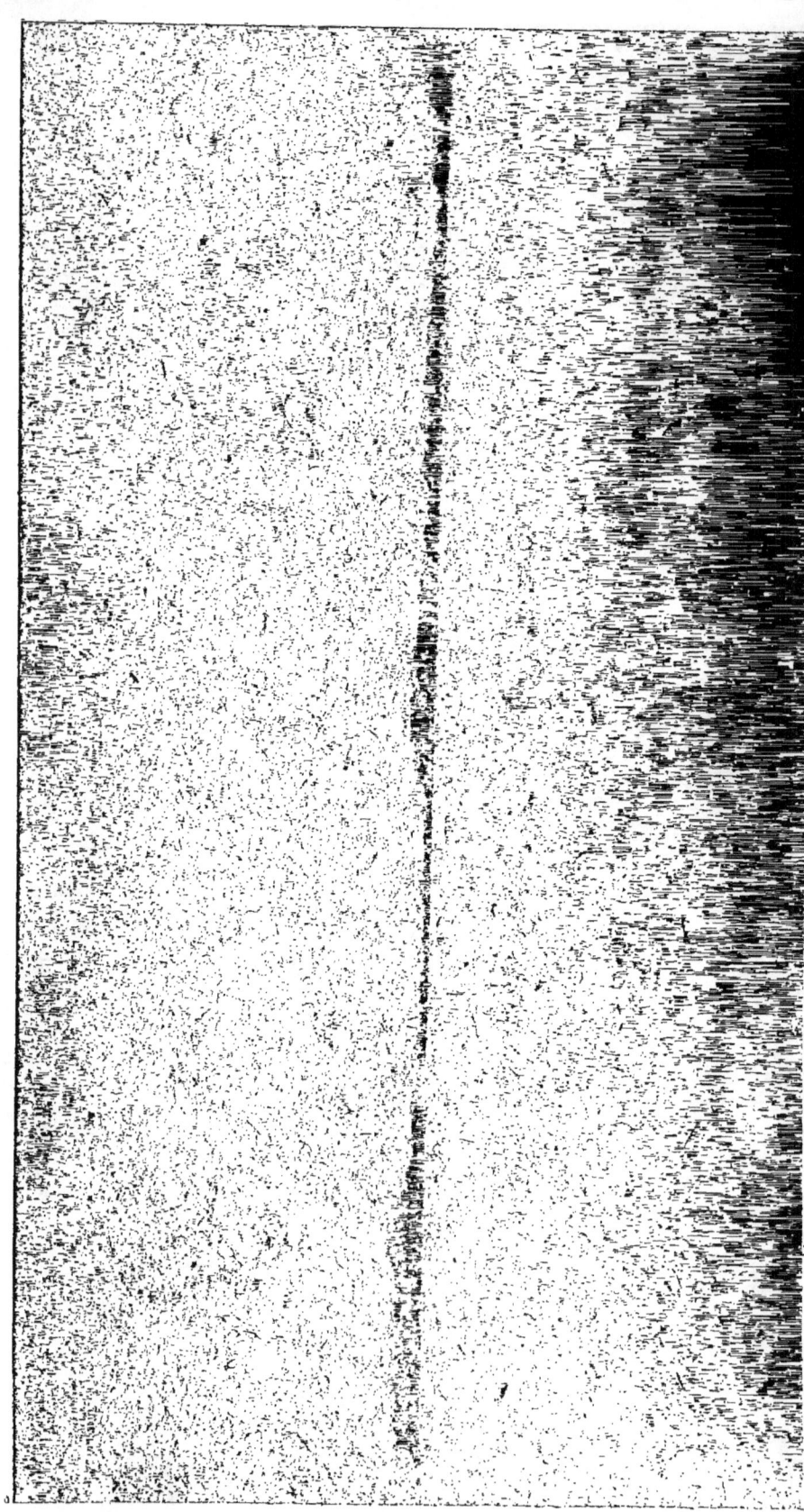

LE BARON

DE

L'EMPIRE.

IMPRIMERIE DE FELIX LOCQUIN,
RUE NOTRE-DAME-DES-VICTOIRES, N° 16.

LE BARON
DE
L'EMPIRE,

Par M. Merville.

III.

PARIS.
AMBROISE DUPONT, ÉDITEUR,
RUE VIVIENNE, 16.

1832.

LE BARON

L'EMPIRE

par M. Minville.

— III —

PARIS,
AUGUSTE DUPONT, ÉDITEUR
rue ...., 16

1834

LE BARON DE L'EMPIRE.

I.

Jacquot deuxième.

Cet officier était Charles Guesdon, fils de M. du Bard. Sa sœur lui expliqua en peu de mots l'accident qui les avait amenés où il les trouvait, et l'état dans lequel ils paraissaient à ses yeux. Il fit aussitôt appeler le maire.

— Citoyen, lui dit-il, je suis bon et franc républicain; je viens de Nantes ici à travers le pays insurgé, au péril de ma vie, pour apporter des instructions aux chefs des armées sous la protection desquelles vous vivez; et je trouve les miens persécutés par vous, mon frère et ma sœur arrêtés parce qu'ils courent sans passeport après un enfant que les événemens de la guerre ont arraché de leurs bras! Ce sont là de mauvais moyens pour gagner des partisans au nouvel ordre de choses; surtout c'est mal payer le zèle de ceux qui le servent fidèlement comme moi.

— Les services et les fautes, dit le gendarme, tout est personnel dans un pays de liberté et d'égalité comme celui....

— Gendarme, s'écria Charles en l'interrompant, tais-toi ! Je suis ton supérieur : tu ne dois pas élever la voix que je ne t'adresse la parole.

— Ce n'est pas à toi que je parle, commandant, c'est au citoyen maire. Il m'est permis, je crois, de lui représenter...

— Encore une fois, tais-toi, ou je te fais saisir par quatre hommes et conduire pieds et poings liés, devant moi, à La Roche-sur-Yon. Je te trouve bien mal avisé d'en avoir agi comme tu as fait envers les parens d'un loyal défenseur de la patrie !

Le gendarme se tut, et tous les yeux applaudirent à la fermeté du jeune officier qui remettait ainsi à sa place le tyran de la commune. Mais le trait avait touché son but; les paroles du moine défroqué avaient produit leur effet : on ne put jamais obtenir du maire qu'il révoquât l'ordre de conduire les Bretignolles et leur fidèle domestique devant l'autorité supérieure de La Roche.

Il fallut se soumettre.

— Venez, leur dit Charles, ce n'est qu'un peu de temps perdu; mais je vous ferai donner un passeport qui vous permettra de parcourir dans tous les sens le théâtre de l'insurrection.

Il rompit leurs liens, leur fit rendre leurs chevaux, en prenant sur lui la responsabilité de la translation ; et l'on partit. Le gendarme suivit par mesure de surveillance.

CHAPITRE I.

Les passeports ne furent pas délivrés aussi promptement que Charles s'en était flatté : on reconnut encore là-dedans la main du cordelier. Le jeune officier reçut une verte réprimande pour sa conduite à la vérité un peu irrégulière, mais non sans exemple en ces temps d'anarchie. Au bout de quarante-huit heures cependant, on céda à ses justes sollicitations, et les papiers furent accordés revêtus de toutes les formalités requises.

Madame de Bretignolles voulut partir à l'instant même ; mais l'embarras fut de savoir quelle route on tiendrait. Retournerait-on à Sainte-Cécile où l'on avait fait fausse route? Irait-on directement à Chantonnay? S'attacherait-on à la seule vivandière? Négligerait-on la mendiante de Mouchamp? Toutes questions graves qu'on résolut à peu près par le parti suivant. Il y avait deux enfans perdus ; il fallait tâcher de les retrouver tous les deux. On convint donc que Lapierre irait à Mouchamp ; que la marquise, accompagnée d'un guide, se dirigerait sur Chantonnay, où elle attendrait son mari, qui irait la rejoindre sur le chemin de Sainte-Cécile. Ceci bien arrêté, on s'embrassa, et chacun se mit en route de son côté.

Lapierre arriva trop tard à Mouchamp : la mendiante en était partie de la veille, se dirigeant, lui dit-on, vers Saint-Paul-en-Paredz. Laissons-le courir après elle, et revenons à la marquise, dont la course paraît devoir aboutir à un résultat plus intéressant que celle de son mari.

Elle prit la route de Chantonnay

CHAPITRE I.

par Fougeré. Entre ce village et Saint-Hilaire-de-Vouis, un homme d'une figure étrange s'approcha d'elle et lui demanda l'aumône.

— Ma chère dame, lui dit-il, je ne suis pas un mendiant de profession. La faim, comme chacun sait, pousse le loup hors du bois. Je suis sûr que vous ne me trahirez pas : vous voyez un pauvre soldat battu, blessé, dépouillé de tous ses effets. Je voudrais gagner quelqu'un de nos cantonnemens, et je vois que la charité des gens de village ne m'y aidera pas beaucoup. En vérité, le pays commence à n'être plus très-bon pour nous autres.

— D'où venez-vous ?

— De pas loin d'ici. Nous étions partis, il y a quatre jours, de Chantonnay pour aller nous joindre à nos gens stationnés dans la Châtaigneraye; mais quand nous sommes arrivés...

— Chantonnay, dites-vous? Y étiez-vous depuis long-temps ?

— Nous n'y étions que de la veille au soir, madame.

— Est-ce vous qu'on avait vus à Sainte-Cécile ?...

— Nous avons passé par un village de ce nom-là, c'est vrai.

— Votre régiment... le corps auquel vous apparteniez, avait-il... une femme... une espèce de vivandière à sa suite ?

— Javotte la Parisienne, oui, madame : une femme gaie, un peu leste en paroles, mais le cœur sur la main.

— Cette femme avait trouvé en route un enfant abandonné ?

— C'est vrai, du côté de là-bas, de Saint... Saint... Tous leurs villages portent des noms de saints par ici.

— Saint-André-de-Goulle-d'Oye, n'est-ce pas ?

— Oui, Grouille-Doigt, quelque chose comme ça. Le pauvre innocent était là endormi à l'air du temps.

— Il avait une robe bleue, hein ? une robe de soie ?

— Oh ! il était parfaitement mis. On voyait bien qu'il appartenait à des gens comme il faut. Il n'y avait cependant personne auprès de lui. Javotte en eut pitié : elle se mit à appeler, à appeler. On ne répondit pas. Il commençait à tomber une petite pluie froide. Elle dit : Le pauvre petit en prendra la grenouillette. Le détachement n'avait pas le temps de s'arrêter, et Javotte ne se souciait pas de rester en arrière dans un pays de brigands comme celui-là. Ma foi! pour ne pas laisser la mignonne créature exposée à l'injure de l'air, elle l'emporta bravement. Le petit n'en fut, sacrebleu! pas fâché. C'est un caractère d'enfant charmant : il n'y en a pas comme ça.

— Oh! c'est lui.

— Et joli! une peau fine, une charnure!...

— C'est lui, c'est lui.

— Et des petits cheveux bouclés, d'un si beau blond! une vraie tête de chérubin, quoi!

— Oh! oui, oui, c'est lui, c'est bien lui.

CHAPITRE I.

— Vous le connaissez donc, madame ?

— Eh ! mon brave homme, c'est après lui que je cours : je suis sa mère. Vous allez me dire où il est; vous allez m'y conduire. Et soyez sûr qu'en récompense... A propos, j'oubliais... vous ne savez si on l'a déshabillé, si on a trouvé sur lui quelque marque ?...

— On l'a déshabillé le soir même; il l'a bien fallu : le cher petit était trempé de pluie jusqu'à sa petite chemise. J'étais là, car j'ai de l'amitié pour Javotte. En le changeant, elle s'est aperçue qu'il avait là, du côté du cœur, trois ronds écarlates, chacun de la grandeur d'une pièce de vingt-quatre sous.

— Plus de doute, plus de doute ! Quelle reconnaissance, quelles actions de grâce je dois au ciel ! Tenez, mon ami, prenez ce louis d'or, et conduisez-moi.

— Je vous remercie, madame ; c'est un grand service que vous me rendez dans ma détresse ; et certainement le ciel... s'il y en a un... ne peut pas manquer de vous en récompenser.

— Conduisez-moi, conduisez-moi donc !

— Où ça, ma bonne dame ?

— Mais auprès de cette Javotte, de cette excellente femme qui a servi de mère à mon fils.

— Ah! madame... Javotte! qui sait où elle est ?

— Comment ?

— Je viens d'avoir l'honneur de vous dire que j'étais blessé. C'est un coup de bâton qui m'a été asséné sur la tête par un vieux brigand... habillé de blanc, et enfariné... comme un meunier. Nous nous sommes battus, ma chère dame; nous avons été abîmés et forcés de quitter le champ de bataille, c'est-à-dire, pas moi, car j'y suis demeuré tout de mon long sept ou huit heures d'horloge, mais mes pauvres compagnons d'armes, et la malheureuse Javotte avec eux.

— Quoi! elle est ainsi errante avec mon fils?

— Hélas! non, mon Dieu! Il vaudrait mieux peut-être qu'il fût avec elle.

— Où est-il donc, mon ami? Parlez, je vous en conjure.

— Il était dans une charrette des

bagages du détachement; et cette charrette est restée au pouvoir de l'ennemi.

— Mon Dieu ! mon Dieu ! ces épreuves dureront-elles long-temps ! Il y a de quoi mourir ! — Et cet ennemi, où pensez-vous qu'il puisse être ?

— Je pense, madame, qu'il ne peut pas être loin, car, depuis ce matin, j'entends le canon et un feu de mousqueterie bien nourri de ce côté-là, vers l'endroit à peu près où nous étions.

Madame de Bretignolles donna un coup de houssine à son cheval, et se hâta de marcher vers Chantonnay, pour se concerter sur ce nouvel incident avec son mari qui devait venir l'y rejoindre.

Le soldat s'avança du côté de Bournizeau.

Pour nous, nous reviendrons, si le lecteur veut bien le permettre, au vieux meunier de l'Orberie, dont le fils avait péri si misérablement.

Quand, avant de poursuivre sa marche, l'armée catholique fit inhumer ses morts, Jacques fut trouvé auprès de son fils. Il était revenu à lui, et soutenait sur ses genoux la tête pâle et sanglante du jeune homme. On l'en sépara avec quelque ménagement. Il le vit enlever, jeter dans la fosse, et couvrir de la terre funèbre, sans proférer une parole. Après cette triste cérémonie, il y eut une allocution, espèce d'oraison funèbre prononcée par l'abbé Bernier. Il annonça que tous ceux qui venaient de mourir pour la sainte cause des dîmes et des droits seigneuriaux, étaient déjà reçus dans le sein de Dieu. L'évêque d'Agra donna de nouveau sa bénédiction, et cette armée gédéonienne faisant frémir les airs d'un hymne religieux chanté à l'unisson, s'avança vers Fontenay pour y porter la désolation et la mort.

Jacques prit le chemin d'Antigné, toujours absorbé dans le sentiment de sa stupeur et de son muet désespoir.

On s'est demandé sans doute ce qu'était devenu l'enfant trouvé durant le cours de ces divers incidens. Il ne quitta point Jacques. Ne pouvant le tenir pendant le combat sur le caisson de service où il l'avait placé d'abord, le vieillard l'attacha sur son dos. L'innocent y demeura paisiblement. Plus tard, et tous ces événemens étant passés, tourmenté de quelque besoin, il se prit à pleurer : alors le bonhomme se souvint de lui. Il ne restait pas dans l'âme du malheureux vieillard de quoi suffire à beaucoup d'émotions nouvelles, il ne sentit que l'importunité du fardeau. Une métairie était dans le voisinage, il y porta ses pas, peut-être poussé par l'espoir qu'il s'y trouverait quelque âme assez charitable pour le débarrasser de l'enfant. Il n'y trouva qu'une de ces scènes de désolation qui marquent toujours au loin le passage des armées et le théâtre des combats : le pillage, la violence et les plus ignobles outrages à l'humanité. On ne put lui rien donner pour apaiser la faim que le pauvre petit paraissait éprouver. Le vieillard passa, il s'achemina vers le Marillet pour y traverser la Vendée, et mettre cette rivière entre lui et la terrible armée catholique. Il trouva là quelques légers secours. L'enfant rendu à la gaîté par leur présence, lui tendit les bras en riant, et lui caressant les joues de ses petites mains : — « Papa ! papa ! » lui cria-t-il. Le pauvre bonhomme n'y put tenir ; son cœur fut remué jusque dans les profonds replis où sa sensibilité semblait s'être retranchée. Il prit la tête de l'orphelin entre ses deux mains, regarda sa jolie figure avec amour, et lui appliquant un baiser sur le front, sentit aussitôt deux ruisseaux de larmes s'échapper de ses paupières brûlantes. Il le remit sur son dos, et arriva bientôt avec lui à l'Orberie.

Nous épargnerons à nos lecteurs la nouvelle scène de douleur qui eut lieu lorsque le pauvre meunier apprit à sa vieille compagne le sort de leur enfant chéri.

Comme au milieu du désespoir de la bonne femme, il la vit un moment étonnée à la vue du nouveau commensal qu'il lui amenait, il saisit l'occasion, et lui présentant l'orphelin, lui raconta comment il s'en était chargé.

— Repousserons-nous cette innocente créature! s'écria-t-il. De plus riches l'ont fait, mais ce n'est pas à nous qu'il appartient d'être durs et insensibles. Pauvre petit! Voyez, Marcelline, comme il est beau! comme il dort paisiblement! Il se confie en notre bon cœur.

— Vous ne savez pas son nom? demanda la bonne vieille.

— Non.

— Comment l'appellerons-nous?

— Ah! répondit l'excellent homme, le ciel semble avoir voulu nous rendre en lui notre enfant, notre pauvre Jacquot... C'est Jacquot qu'il faut le nommer.

— Oui, oui! s'écria Marcelline en sanglotant, nommons-le Jacquot; et que le bon Dieu prenne pitié de lui... et de nous!

A ces mots, elle prit l'enfant qu'elle embrassa en l'inondant de ses larmes. Celui-ci s'éveillant sans pleurer et sans cris, les regarda l'un et l'autre en souriant, et tendant ses petites mains vers Jacques.

— Papa! papa! lui bégaya-t-il encore.

— Eh bien! vous le voyez! s'écria le vieillard.

CHAPITRE 1.

— Pauvre petit ange! cher bon petit ami! dit Marcelline en lui prodiguant de nouvelles marques de tendresse; oui, papa, papa. Et moi, je serai ta mère!

Voilà comme l'orphelin fut adopté par ces bonnes gens, et comment il lui faut maintenant fournir sa carrière sous le nom peu noble et peu harmonieux de Jacquot.

II.

Le Comité.

Cependant monsieur et madame de Bretignolles s'étaient rejoints à Chantonnay. Dans l'impatience où était la marquise, elle ne voulut point attendre Lapierre. On le dépeignit soigneusement à une femme qui paraissait intelligente, et qu'on chargea d'une lettre pour lui. Dans cette lettre, on commandait au fidèle serviteur de se rendre à la Coupechanière, et d'y attendre de nouveaux ordres. Ceci fait, les deux époux s'acheminèrent en toute hâte vers le lieu désigné par le soldat. C'était le champ de bataille de la Châtaigneraye. Tout était fini quand ils y arrivèrent ; on avait même enterré les morts; et Jacques, qu'ils aperçurent de loin, cheminant sur une pelouse verte entourée de hauts châtaigniers, s'éloignait à grands pas de cette terre de malédiction.

Ils ne soupçonnaient pas que cette figure vêtue de blanc, qui ressortait par un effet si pittoresque du charmant paysage qu'elle animait, éloignait d'eux l'objet de courses laborieuses, et qui allaient se trouver sans terme. Ils se hâtèrent de rejoindre l'armée. Ils la trouvèrent sous les murs de Fontenay, prête à donner l'assaut. La marquise n'en voulait pas moins commencer ses maternelles investigations ; mais un premier coup de canon venant à être tiré, son mari se sentit aussitôt une violente douleur au bras droit, se communiquant à l'épaule, et pénétrant dans la poitrine : c'était une suite de sa blessure. Il en souffrit toute sa vie. Terrible chose que la guerre et que les moyens inhumains qu'on y emploie !

Le pauvre père fut obligé de s'écarter. Son cheval, qu'il ne pouvait guider que de la main gauche, l'emporta jusqu'à Sainte-Radegonde-la-Vineuse, à plus d'une lieue de là. Il entra dans l'église, et se mit en prières avec toute la population tant que dura le combat. Ce ne fut que quand la canonnade eut cessé, qu'il s'aperçut, aux discours de ses voisins, qu'il avait adressé des vœux au ciel pour la défaite de ses amis. Sainte-Radegonde était en pays républicain, et le curé, un prêtre assermenté. La victoire n'en fut pas moins aux Vendéens. Le bruit s'en répandit presque à l'instant dans cette chétive commune, qui trouva, comme par enchantement, un beau drapeau blanc fleurdelisé à substituer au drapeau tricolore. Gens qui gouvernez, soyez forts; on n'est à vous qu'à cette condition.

Madame de Brefignolles entraîna son mari qui, cette fois, fut obligé de la suivre. Arrivée sur le champ de bataille, elle lui donna son cheval à tenir, et s'élança en véritable mère au milieu de la fange sanglante, et parmi les horreurs du plus épouvantable spectacle. Elle vit tout; ses yeux ne se détournèrent de rien : son enfant ne pouvait-il pas se trouver au nombre de ces morts, de ces blessés, de ces mourans? Elle ne l'y découvrit point cependant. Elle entra en ville et y traîna encore son pauvre mari, qui avait l'air de s'y trouver comme dans une fournaise, et qui souffrait plus que jamais de son bras et de son épaule.

Il n'y eut maison qu'elle ne visitât, gentilhomme ou paysan qu'elle n'interrogeât : elle ne put obtenir aucun renseignement positif. « On avait bien vu l'enfant et l'homme qui s'en était chargé; mais cet homme avait été fusillé à la Tardière... et l'on craignait que l'enfant ne fût tombé avec lui. L'enfant était mort sous les murs de la Châtaigneraye : on avait vu le vieillard en témoigner un vif chagrin. Ce vieillard avait déserté, et était retourné dans le Bocage ; on le croyait des environs de Mortagne, de Chollet, de Bressuire : » toutes les contradictions faites pour effrayer l'intelligence, toutes les incertitudes capables de torturer le cœur d'une mère, sans lui ravir entièrement l'espérance.

La dernière personne qu'elle vit fut mademoiselle Marie de Lescure, fille pieuse, qui avait ce jour-là rudement travaillé pour l'enfer : car il était certain que les républicains allaient tous au diable en mourant ; et elle en avait beaucoup tué. Elle assura avoir vu à Châtillon un enfant comme celui qu'on lui dépeignait... blond, vêtu d'une robe de soie bleue, garnie de point d'Angleterre, et portant sous le sein gauche l'empreinte de trois cercles ou besans. « Si l'on voulait avoir des informations sûres, c'était là qu'il fallait aller. »

Il était nuit. Madame de Bretignolles voulait partir sur-le-champ pour Châtillon, et c'était aussi l'avis du bon marquis, auquel l'air de Fontenay paraissait pesant comme les gaz qui asphyxient. Cependant quelqu'un ayant fait observer qu'une multitude de soldats du Sacré-Cœur était répandue dans la campagne, et devait la rendre peu sûre, ses douleurs le reprirent tout à coup, et il demeura.

Sa femme le fit sortir du lit le lendemain de bonne heure. Avant de se mettre en route, ils eurent un singulier spectacle.

Laissons parler un historien irrécusable (1).

« On fut embarrassé de la résolu-
» tion qu'on adopterait à l'égard des
» soldats républicains qui avaient été
» faits prisonniers au nombre de trois
» ou quatre mille. Il n'était pas encore
» établi chez les bleus que les Ven-
» déens devaient être fusillés dès qu'ils
» seraient pris : *ainsi* il ne pouvait pas
» être question de représailles. *D'ail-*
» *leurs* on avait dit à ces gens-là :
» Rendez-vous, on ne vous fera pas de
» mal. On ne pouvait pas les garder,
» puisqu'on n'occupait plus de place

---

(1) Madame de la Rochejacquelein.

» forte, et qu'on n'avait aucun moyen
» de police. En les renvoyant sur pa-
» role de ne servir ni contre nous, *ni*
» *contre les puissances coalisées* (1),
» il était à peu près sûr qu'ils violeraient
» cette promesse. Le baron de Donis-
» sant proposa de leur couper les che-
» veux pour pouvoir les reconnaître,
» et les punir s'ils étaient repris une
» seconde fois. On prit aussi le même
» parti pour le petit nombre qu'on
» voulut garder. Cette précaution fut
» un grand sujet de divertissement
» pour l'armée vendéenne. »

C'en fut un aussi pour le bon marquis de Bretignolles qui se tenait les

---

(1) Les Vendéens ne voulaient pas que la guerre fût seulement entre Français : c'est ce qui les a rendus odieux.

côtes et riait à en suffoquer. — Bien! bien! bravo! s'écriait-il, ce n'est pas seul'm'nt un châtiment; c'est une humiliation : i von avoir l'air de galériens, morbleu! l' moyen d' tuer ces gens-là, c'est d' lés rend' ridicules. Malgré les instances de sa femme, il ne s'éloigna pas qu'il n'eût vu tomber la dernière chevelure.

Malgré l'assurance de mademoiselle de Lescure, on ne trouva pas de renseignemens plus certains à Châtillon qu'à Fontenay. Des contradictions, un chaos d'assertions et d'avis dont on ne pouvait rien faire, voilà tout ce qu'on recueillit. Il fallut revenir à la Coupechanière.

Personne de la famille ne s'y trouva. Madame du Bard, le curé son frère et Laurentine étaient partis pour Legé, où il avait bien fallu déclarer à la première que son mari était détenu. M. et madame de Bretignolles attendirent leur retour; mais le curé seul revint.

Ce n'était plus à Legé qu'était M. du Bard quand sa femme y arriva; il avait été transféré à Machecoul. Charette avait chassé les bleus de cette ville le jour même de la sédition de Vieille-Vigne, où nous avons dit qu'il montra tant de courage et de présence d'esprit. Le comité administratif de la division était revenu s'y établir sous la présidence de l'ex-receveur des gabelles, Souchu.

M. du Bard avait déjà subi plusieurs interrogatoires, et il connaissait la cause ou du moins le prétexte de son arrestation : c'était le départ volontaire de son fils pour l'armée républicaine. Mais le motif non avoué de l'affaire, était que lui-même avait jadis porté plainte contre le receveur des gabelles à propos de quelques actes répréhensibles commis dans l'exercice de ses fonctions. Celui-ci avait juré de s'en venger ; il n'en laissa pas échapper l'occasion.

Le digne homme était au secret : sa femme ni sa fille ne purent obtenir la permission de le voir; on la refusa même au curé Guesdon : ce qui dans l'armée de Jésus (la division de Charette se donnait ce nom) était extraordinaire, car les ecclésiastiques y étaient tout-puissans. Laurentine et sa mère firent des démarches auprès des membres du comité; aucun d'eux ne put rien; et la vérité est que, pris individuellement, ils n'avaient qu'une très-faible part de crédit et d'autorité. Les rigueurs de ce comité n'étaient ignorées de personne. Madame Guesdon s'alarma. Malgré la juste aversion qu'elle avait conçue pour Charette depuis l'incendie de sa maison, elle résolut de le voir. Une audience lui fut demandée en son nom par le curé de la Coupechanière. Il l'accorda, non sans quelque difficulté; et le lendemain Laurentine fut obligée d'y accompagner sa mère. On connaît le caractère de cette jeune fille; on peut juger de ce qu'une telle démarche dut lui coûter. Il fallait obéir à sa mère; il fallait préserver son père des fureurs de Souchu.

L'entrevue eut lieu. La contrainte et l'embarras maladroit y présidèrent.

Le général n'était pas seul; il avait dans son salon deux de ses premiers officiers, qui se retirèrent dans une embrasure de croisée à l'arrivée des dames.

M. Guesdon, qui avait aussi voulu accompagner sa sœur, exposa l'objet de la visite. — C'était se montrer peu soucieux de faire des amis à la cause royale que de persécuter un homme aussi généralement aimé et considéré que M. du Bard. Son arrestation blessait d'abord l'équité et ensuite la politique. Et dans quel moment se permettait-on un acte de cette nature! quand celui qui en était l'objet venait d'être ruiné par une mesure dont l'intérêt commun était la seule excuse.

— Eh mon Dieu! monsieur le curé, l'intérêt commun, l'intérêt sacré de la religion et du roi, nous n'en devons pas connaître d'autres dans le malheureux temps où nous vivons. Qui doit plus que moi regretter la mesure cruelle dont vous parlez? Et je dis cruelle pour moi, pour moi surtout. Je devais... à tant de titres... (Ici un coup-d'œil jeté obliquement sur Laurentine) à tant de titres, dis-je, protéger, faire respecter l'asile de ces dames.

Le feu monta au visage de la jeune fille; un trait cent fois plus rapide que l'éclair sortit de ses yeux qu'elle se hâta de baisser; mais dans ce trait si fugitif toute l'indignation de son âme avait passé malgré elle.

— Vous deviez protéger notre asile comme celui de tout le monde, général, répondit madame Guesdon; vous le deviez, puisqu'en vos seules mains est la force. La nécessité vous a contraint de le détruire... Je ne m'en plaindrai pas si mon mari m'est rendu; mais...

— Vous serez dédommagée, dit Charette en l'interrompant. Quand le roi remontera sur son trône, sa majesté tiendra compte de tout ce qui aura été souffert par ses fidèles serviteurs.

— Nous ne demandons rien, monsieur, rien que la liberté de mon mari à qui l'on ne peut faire aucun reproche.

— Sa liberté ne dépend pas de moi, madame.

— Et qui donc est maître ici, général?

— Ce n'est pas moi sans doute. J'ai mon autorité dans la hiérarchie militaire, mais je n'administre pas; je ne me mêle en rien de ce qui touche au civil, à la justice, aux tribunaux.

—Mais le président du comité est l'ennemi personnel de mon mari; à qui voulez-vous que nous en appelions de sa sentence?

—Au roi, madame.

—Mais où est-il?

—Il est entre les mains de ses ennemis; pensez-vous donc qu'il y doive demeurer toujours?

— Général, nous venons implorer votre appui, votre intervention. Ne la refusez pas à une femme, à une fille au désespoir, et qui savent trop que leur seul recours est en vous.

En prononçant ces mots, madame Guesdon voulut se jeter aux pieds de

CHAPITRE II.

Charette, Laurentine avança involontairement la main pour l'en empêcher. Le général s'en aperçut.

— Mademoiselle, dit-il à la jeune fille, c'est une chose louable que de veiller à la dignité de ceux dont nous tenons le jour. Et, prévenant l'action de madame du Bard, il ajouta : Vous me croyez plus de crédit et plus de droits que je n'en ai, madame. Cependant, pour vous montrer toute ma bonne volonté et tout le désir que j'ai de faire quelque chose qui vous puisse être agréable, je verrai M. Souchu, et je le prierai en grâce d'adoucir, à l'égard de monsieur votre mari, la rigueur de son ministère, en tant que sa conscience pourra s'y prêter.

Il fallut se contenter de ces vagues et froides paroles, puisqu'il était évident qu'il n'y avait rien de mieux à attendre. On remercia comme si l'on avait reçu les promesses les plus positives, et qu'on y eût une entière confiance. C'est le dernier recours de tous ceux dont les demandes sont accueillies avec une politesse évasive. Ils croient former ainsi un lien de délicatesse et de point d'honneur qui enchaîne un protecteur malveillant. Erreur : le malheureux qui se noie ne saisit pas plus inutilement la paille qui flotte à la surface du courant.

On gagna cependant à cette démarche que le comité s'occupa peut-être un peu plus promptement de l'affaire : elle fut appelée le lendemain.

Il faut dire, pour disculper Charette de son tort le plus grave, que, dans cette entrevue, il n'eut que celui d'être un fat; car ce qu'on attendait de lui, il n'avait réellement pas le moyen de le faire. L'autorité du comité était entièrement indépendante de la sienne; et, dans cette Vendée comme ailleurs, chacun soutenait ses prérogatives, et se montrait prêt à combattre pour conserver intact son lambeau de pouvoir.

Le jugement eut lieu de grand matin et à huis-clos. Madame Guesdon et sa fille n'en furent instruites qu'après la sentence rendue: le bon M. du Bard était condamné à mort!

L'arrêt le déclarait. « Traître à son
» roi et à son Dieu; convaincu d'avoir
» manifesté en tout temps une approba-
» tion impie des doctrines révolution-
» naires; de les avoir répandues autour
» de lui, parmi ses gens et les mem-
» bres de sa famille, et d'être cause de

» l'infâme désertion de Charles Gues-
» don, son fils, de présent officier dans
» les troupes de l'abominable Conven-
» tion. »

Cette sentence était sans appel, et devait être exécutée immédiatement.

Madame Guesdon, Laurentine, le curé de la Coupechanière se rendirent à la prison. L'entrée leur en fut accordée. Le condamné se jeta dans leurs bras ; il eut un moment de faiblesse, et mêla quelques pleurs à leurs sanglots et à leurs cris ; mais il reprit bientôt le calme et la résolution d'un homme : «Nous vivons, dit-il, dans un temps d'orage et de subversion ; les plus chers intérêts de la société se débattent, et les plus ardentes passions sont aux prises. Le sang coule de toutes parts sur les champs de bataille ; les échafauds ont droit au même tribut. La nécessité de ces violences est déplorable; mais ce qui la rend hideuse c'est d'avoir pour agens inévitables comme elle, des cœurs vils et corrompus. » Il continua de parler avec cette raison calme et élevée; le meilleur moyen sans doute, sinon de consoler sa famille, du moins de lui faire supporter son malheur avec résignation. On ne lui dit rien de l'incendie du Bard, non plus que de la disparition du petit Alphonse. On ne voulait pas ajouter à son affreux malheur celui qui aurait été plus douloureux peut-être, de laisser les siens avec ce surcroît de peines.

Le frère Magloire parut; il précédait d'une heure la troupe commandée pour l'exécution. Sa brusque apparition fut un nouveau coup pour la pauvre madame du Bard; les horribles images qu'elle éveilla triomphèrent de son courage et de ses forces : elle tomba évanouie. Le pauvre condamné ne put lui-même surmonter la nature révoltée à l'idée de sa destruction prochaine. Comme le premier, ce mouvement fut bref, et ne se manifesta par rien de dégradant. Il pressa dans ses bras sa femme privée de sentiment, lui déposa sur le front le douloureux baiser d'adieu, donna sa bénédiction à sa fille qui s'était précipitée à ses genoux, et les tenait embrassés en poussant des cris déchirans; puis, serrant la main à son frère : — Partez, partez! lui cria-t-il, emmenez-les!

Six autres condamnés, non moins innocens que lui, étaient là attendant comme lui la mort des criminels. Ils avaient tous été jugés sur des griefs aussi équitablement déduits.

L'un était un jeune père de famille qui avait refusé d'obéir au décret du conseil-général, lequel décret appelait *sous les drapeaux du roi* tous les hommes en état de porter les armes, depuis dix-huit ans jusqu'à cinquante, *sous peine de mort;*

Un autre avait *hautement douté* que l'insurrection fût légitime;

Un troisième avait crié *vive la nation !* à la première arrivée des bleus dans Machecoul;

Le quatrième était *protestant;*

Et les deux derniers, soldats républicains, relevés blessés sur le champ de bataille devant Legé, étaient *sus-*

pects d'avoir massacré des Vendéens à Pornic.

On se mit en devoir d'obéir au pauvre M. du Bard, et de transporter sa femme mourante hors de ce lieu de douleur. Tout à coup de grands cris se firent entendre; la générale, le boute-selle appelèrent aux armes tout ce qu'il y avait de guerriers dans Machecoul. Était-ce pour assurer l'exécution de la sentence? Était-ce quelque événement imprévu qui venait retarder ce moment fatal? On le saura dans le chapitre suivant.

III.

Le coup-de-main.

C'étaient les bleus qui de nouveau surprenaient la ville. Il faut dire comment cela arriva si à propos pour M. du Bard et ses compagnons d'infortune.

Charles s'était acquitté de sa mission à la Roche-sur-Yon; il avait repris la route de Nantes par Palluau, où il devait remettre des dépêches du général Berruyer au chef de bataillon Joisel. Après un séjour de quelques heures, il partit avant le jour, seul et déguisé. Il ne lui arriva rien de remarquable jusqu'à Saint-Étienne-de-Corcoué, où il arriva au soleil levant. Mais en entrant dans ce village, un chien énorme se rua sur lui et faillit le renverser. Il sauta légèrement en arrière, saisissant à deux mains le bâton de combat dont il était armé, et se préparant à soutenir un second assaut. Le chien se sauva précipitamment, et alla se réfugier dans les jambes d'un homme qu'il fit tomber dans la boue. Cet homme, c'était Rabillé;

et ce chien, le fidèle Pluton. Le petit barbier venait de Machecoul, et se rendait à Vieille-Vigne.

Il se releva en secouant ses mains souillées, qu'il écartait de son corps, et en considérant d'un air piteux son habit rose alors dépouillé de cette fleur de poudre qui le recouvrait toujours autrefois, comme la rosée, réduite à l'état de poussière par l'action du soleil, recouvre la peau de certains fruits. Charles le reconnut tout d'abord aussi bien que Pluton, et il ne put retenir un grand éclat de rire en voyant la comique détresse du pauvre barbier. Celui-ci, en qui la mauvaise humeur rétablit un instant l'ancien équilibre:

— Vous êtes bien heureux, s'écria-t-il, de pouvoir rire quand votre père va être fusillé peut-être avant qu'on sonne l'*Angelus*, et que toute votre famille est dans les pleurs et le désespoir!

— Mon père? dis-tu.

— Oui, le comité l'a condamné parce qu'on dit que c'est lui qui vous a envoyé servir la République.

Charles, sans répondre, sans perdre un temps précieux en questions inutiles, retourna sur ses pas en courant et revint à Palluau. Rabillé et Pluton le suivirent.

— Commandant, dit-il, en arrivant, au chef de bataillon, tu as douze cents hommes, deux pièces de campagne bien montées; il faut venir sur-le-champ attaquer Machecoul.

— Y songes-tu, capitaine? J'ai de bons renseignemens....

— J'en ai de plus récens que les tiens.

— Charette est en force.

— Cela fait qu'il ne craint rien, et qu'il ne t'attend pas.

— Il y a six mille hommes dans la place.

— Six mille bandits indisciplinés, qui, au moment où je te parle, se préparent à une fête digne d'eux : au massacre de quelques bons républicains du pays et de plusieurs de nos camarades devenus leurs prisonniers par les chances de la guerre. Donnons à ces sauvages une leçon dont ils se souviennent; arrachons nos frères de leurs mains, et montrons à la République que dans la Vendée ses soldats sont capables d'exécuter de beaux faits d'armes, et qu'aussi bien qu'ailleurs ils sentent le prix de la gloire et de l'estime du monde.

Cela se passait sur la place : un grand nombre de soldats faisait cercle autour des deux officiers. Charles s'aperçut que ses paroles produisaient une vive impression. Il se hâta d'ajouter :

— Donnez-moi deux cents dragons, qu'ils prennent en croupe deux cents fantassins déterminés, comme je vois que le sont tous ces braves qui m'écoutent; nous partons au galop; tu nous suis, bon pas de route, avec le reste de nos camarades et tes deux pièces d'artillerie. Ne t'inquiète de rien : je te réponds d'une victoire certaine et d'une belle mention pour nous tous dans le *Moniteur* et dans *l'Ami du Peuple*.

Le commandant allait faire quelques observations; les acclamations, les cris des assistans couvrirent sa voix : il fut obligé de consentir à tout.

La division entière fut prête dans un clin-d'œil. Il n'y eut besoin ni de tambours ni de trompettes pour donner le signal ; l'enthousiasme en fit noblement l'office.

Les dragons s'avancèrent donc rapidement, chacun ayant son cavalier en croupe. Il n'y avait de troupes d'aucun parti dans Legé : on traversa le bourg au grand trot et sans aucun obstacle. Arrivés en vue de Machecoul, qui est dans un fond, les dragons appuient les éperons sur les flancs de leurs chevaux, et dix minutes après toute cette troupe est au milieu de la ville.

Une sentinelle placée au château les avait vus venir, et s'était mise aussitôt à donner l'alarme. Ce fut la cause du bruit qu'on entendit au moment où le père Magloire parut dans la prison. On courut aux armes, et l'on arriva près de l'auditoire en désordre. La brave troupe républicaine venait d'y pénétrer. Les fantassins sautent tout de suite à terre; ils se déploient en bataille sous le commandement de Charles, et un feu de peloton tiré droit et juste sur les premiers qui se présentent, en abat un grand nombre, et met la terreur parmi les autres. La cavalerie fit alors son devoir : elle entra dans cette masse qui grossissait à vue d'œil, et y commença un affreux carnage.

Cependant Charette, qui était en bonne fortune dans un château voisin, entendant la fusillade et les clameurs du combat, monta précipitamment à cheval, et accourut à toute bride vers la ville. Il y entra au milieu du plus épouvantable désordre. Exaltée par son premier succès, l'infanterie républicaine avait pénétré dans les maisons; les soldats s'étaient embusqués aux fenêtres, d'où ils faisaient un feu très-nourri et très-meurtrier, tandis que les cavaliers, le sabre et le pistolet au poing, retranchés sous l'abri de cette fusillade, s'élançaient à un signal convenu, et se repliaient alternativement pour favoriser le massacre et y contribuer. Les malheureux Vendéens jonchaient la place de leurs morts; pas un homme ne tombait du côté des bleus. La population se pressait éperdue aux portes de Nantes et de Vieille-Vigne. Charette les fait fermer, et déclare avec les plus affreux juremens qu'il s'ensevelira sous les murailles de la ville; et que personne n'en sortira vivant. Il donne des ordres qui ne sont ni compris, ni exécutés. Il se désespère, il mord son épée de rage. Il voit tomber à ses côtés Vrigneau qu'une balle, amie peut-être, vient frapper au siége de la pensée et de l'intelligence. Cette chute d'un rival redoutable fait luire dans son cœur un éclair de satisfaction, mais qui n'a que la durée d'un éclair, tant son imagination, frappée des idées plus pressantes qui l'assiégent, se prête peu à la contemplation de ce qui n'est que riant et agréable!

Toutefois, au milieu de ses tumultueuses pensées, son jugement devient attentif à un fait d'une extrême importance. « Le feu des assaillans est moins vif; il procède avec moins d'ensemble; on dirait qu'il y a nécessité d'économiser les munitions. Ces fantassins ne sont venus qu'avec leurs gibernes; ce faible approvisionnement ne peut durer long-temps... il touche à sa fin peut-être... peut-être est-il entièrement épuisé.... La cavalerie se charge seule maintenant du carnage; elle n'y suffira pas long-temps. Enfans! ralliez-vous, serrez vos rangs. Votre ennemi vous ménage; il ne peut plus rien. Ceci n'est qu'une échauffourée, qu'une crânerie républicaine. A moi, les braves du Loroux ! »

Cinq cents hommes, cinq cents Hercules aux bras nerveux, à la poitrine forte, aux larges épaules, répondent à ce cri, et viennent se presser autour du général. Au même instant, les mots : « ils ne tirent plus, les munitions leur manquent », volent répétés de bouche en bouche. Ils sont suivis d'un sourd frémissement, puis bientôt de ce rire affreux que les anciens plaçaient sur les lèvres de Mégère et des Furies, et qui est celui de la hyène à l'odeur de la chair morte. — Ah ! ah ! ah !

En effet, il n'y avait plus de cartouches.

Les rôles sont changés : on attaque

ceux qui attaquaient ; l'effroi est renvoyé à ceux qui l'avaient apporté.

La foule pressée, large et profonde, pousse devant elle la cavalerie qui ne peut plus l'entourer. Quelques soldats sont précipités du haut des fenêtres par les hôtes qui les avaient reçus. Le reste descend en hâte : les cavaliers mettent pied à terre ; et, faute d'espace, le combat ne pouvant avoir lieu en ligne, on se prend corps à corps. Plusieurs républicains, gardes nationaux, enfans efféminés des villes, sont étouffés entre les bras de fer des paysans, ou étranglés sous la pression de leurs mains rudes et calleuses.

Charles, désespéré, s'attaque à un géant du Loroux, non par choix, mais parce que c'est le premier qui se présente devant lui, et qu'il importe peu, quand on est résigné à mourir, de quelle main on recevra la mort. Il fond l'épée en avant sur ce terrible adversaire. Celui-ci, armé d'un sabre énorme, pare très-adroitement le coup, et riposte aussitôt, mais non plus heureusement. Les fers se croisent de nouveau. La mince épée trouve aisément sa voie. Le Vendéen, douloureusement blessé à la main, laisse échapper son sabre; mais le mouvement que lui fait faire en même temps la douleur, est si brusque et si violent, que la secousse imprévue dont l'épée de Charles se trouve ébranlée, le désarme également, et fait voler cette épée à cinquante toises au-dessus de la tête du géant.

Elle tomba loin derrière lui dans la foule où peut-être elle porta la mort à quelqu'un.

Les deux ennemis se précipitent alors l'un sur l'autre. Il n'y a plus aucune chance pour le pauvre Charles ; il rassemble toutes ses forces : le plus vigoureux coup de poing que de sa vie il ait donné est porté au colosse; il eût été aussi inutilement asséné sur une balle de laine.

— Fort bé, l'ami! lui dit le rustre avec un sourire dédaigneux. Puis, le saisissant par la chevelure, il le terrassa et lui appuya, en faisant éclater une joie féroce, son genou pesant sur la poitrine. La respiration commençait à manquer au pauvre jeune homme; son sang, vivement appelé au cœur et dans la région menacée, où une grande concentration de forces vitales devenait nécessaire, laissa sur sa figure la livide pâleur de la mort. Tous les muscles de sa poitrine se tendirent pour maintenir à son plus haut point d'élévation la voûte flexible sous l'abri de laquelle s'exerçaient les organes fragiles, dont l'action ne pouvait être interrompue qu'aux dépens de sa vie; une volonté plus vigilante et plus subtile que celle dont il était communément le régulateur, lui fit réunir ses moyens les plus inconnus pour soulever son corps et neutraliser l'horrible compression sous laquelle il se sentait mourir. Vains efforts! l'athlète avait l'habitude de ces résistances. Immobile sur sa victime, il en examinait stupidement la décroissance à des signes gradués qui lui étaient familiers : le retour du sang à la face, l'égarement des yeux, l'affaissement de la poitrine.... la sueur froide de la mort. Le pauvre Charles en était à ce dernier symptôme. Tout à coup il se sent soulagé ; l'horrible cauchemar a cessé. Le Vendéen tombe renversé en poussant des hurlemens affreux. Un géant plus fort que lui, plus brave que lui, et, en ce moment, plus cruel que lui, Pluton, qu'on avait empêché jusque-là de suivre son maître, s'était élancé par une croisée, et, à peine revenu de l'étourdissement de sa chute, accourait à son secours. Il se jeta à la figure du Vendéen, le terrassa, lui emporta une partie du visage; et le laissant aveuglé, étouffé par le sang qui se mêlait à l'air qu'il respirait, et mourant de celui qui coulait de son épouvantable blessure, le généreux animal revint à son maître, le lécha, se plaça auprès de lui, prêt à le défendre avec la même énergie, s'il arrivait qu'on l'attaquât de nouveau.

Charles n'était pas sauvé pour cela; le péril de son père n'en était pas diminué : la victoire demeurait aux défenseurs de l'autel et du trône. Mais un coup de canon éclata avec fracas. Toute lutte, toute action homicide cessa. De grands cris se firent aussitôt entendre. « Egaillez-vous, les gars, égaillez-vous, v'là lés bieux ! »

C'était le chef de bataillon Joisel qui arrivait avec son monde. Charette voulut rassembler le sien, et marcher à la rencontre de ce nouvel ennemi : il n'y put réussir. La peur en exagérait le nombre, et rendit tous ses ordres, toutes ses instances inutiles. Quelques braves seulement se rangèrent auprès de lui; les autres *s'égaillèrent* par la route de Nantes et par les marais. Comme il achevait de mettre ses gants et qu'il se disposait à placer son pied dans l'étrier, un second coup de canon fut tiré dans la direction de l'hôpital; et un boulet, passant à trois pouces de sa poitrine, emporta la selle et le dos de son cheval. L'animal en fit un bond qui l'éleva à plus de six pieds; et en retombant, il faillit écraser son maître (1). L'ennemi arrivait battant la charge : il fallut se

---

(1) Le fait est attesté par des témoins oculaires.

retirer. Charette sauta en croupe derrière Savin; et tout ce qui était resté prit la fuite avec eux.

Les quatre cents braves qui avaient partagé l'ardeur de Charles, étaient presque tous demeurés sur la place, morts ou hors de combat.

Cependant le jeune homme avait repris haleine. Il se leva et marcha au-devant de ses amis. Il s'y trouva précédé par Souchu, par l'infâme Souchu lui-même qui, caché au fond de sa cave pendant le combat, n'avait pas craint de venir se présenter en bonnet rouge au chef républicain, comme patriote persécuté. Charles ne put retenir son indignation. Il le fit connaître, et la hache d'un sapeur fit à l'instant justice du scélérat.

CHAPITRE III.

On se transporta à la prison, on en brisa les portes; et Charles eut le bonheur de sauver la vie à son père et de le rendre à la liberté.

IV.

Anasthasie-Liberte.

Les Vendéens rassurés, comme cela arrive toujours après une terreur panique, réunirent de nouveau leurs forces; et la troupe républicaine fut contrainte d'évacuer Machecoul. Elle manqua de moyens de transport pour ses blessés; elle les laissa à l'hôpital, sous la garantie des lois de la guerre et de celles de l'humanité. Charette, en rentrant, les fit tous massacrer.

La colonne se dirigea sur Nantes: Charles la fit suivre de son père, de sa mère et de Laurentine. Ils louèrent une maison en ville, et s'y établirent, en attendant ce que les événemens de la guerre et de la révolution ordonneraient d'eux.

En l'attendant de même, faisons un court voyage à l'Orberic, et voyons comment le petit Jacquot se trouvait des soins du bon meunier Jacques Blondeau et de sa femme. L'aimable enfant, depuis son entrée dans cette famille de bonnes gens, n'avait pas démenti un instant sa douceur, sa gaîté et tout ce qui faisait le charme de son caractère. Sa présence donna lieu à des propos de commères que Jacques n'entendit pas sans quelque intérêt. Ce joli enfant n'était pas le seul dans le village qui eût une origine mystérieuse et peut-être illustre. Depuis une semaine il y avait chez la femme à Gauthier, le scieur de long, un jeune homme qui semblait se cacher, et qui devait être malade, car une voisine qui l'avait entrevu lui avait trouvé l'air abattu et souffrant.

Que pouvait être ce jeune homme?

« Or, la femme à Gauthier avait un enfant de six mois, bien venant, pas criard; et depuis cinq à six jours on entendait fréquemment les cris d'un nou-

CHAPITRE IV.

veau-né dans la chaumière à Gauthier. Ce jeune homme ne serait-il pas par hasard une femme qui serait venue faire ses couches à muchepot dans le village? Il y avait été amené avec toutes sortes de cachoteries par monsieur le curé, qui s'était déguisé lui-même. Depuis ce temps-là, Gauthier n'avait pas paru chez lui; et le bruit courait qu'une sage-femme de Fontenay avait été éveillée par une belle nuit; qu'on lui avait mis un bandeau sur les yeux, et qu'une voiture l'avait conduite comme dans une campagne; que là on l'avait fait entrer dans une maison de paysan, où elle avait trouvé sur le lit de misère une femme dont on ne lui avait pas laissé voir la figure. On ajoutait que son office rempli, cette sage-femme avait été reconduite chez elle avec la même cérémonie, et que pour sa peine on lui avait donné un porte-feuille d'assignats large comme une sacoche. Or, jeudi de la semaine passée on avait entendu une voiture la nuit dans le village. »

Jacques se souvint de la rencontre qu'il avait faite, sous le pont de Vouvant, du curé et d'un jeune homme.

La curiosité et l'indiscrétion des femmes sont choses communes partout, mais principalement dans les lieux où elles ne peuvent s'exercer qu'entre peu de personnes. Le secret avait été exactement pénétré. Le jeune homme que le curé avait amené était une femme, madame la marquise d'Ar*** avec laquelle nous avons vu le chevalier de la Contrie avoir une intrigue contrariée. La circonstance d'une sage-femme à bandeau sur les yeux était fausse. C'est une aventure ancienne qui revient presque toujours dans les couches accompagnées d'un peu de mystère. Cela ajoute au merveilleux de la chose et aide singulièrement à orner un récit. Madame d'Ar*** avait été tout simplement assistée par un maître en chirurgie de Niort, et il était venu en plein jour. Mais alors on était aux champs, et on ne l'avait pas vu entrer dans la chaumière. Comme il n'en sortit que fort avant dans la nuit, cela fit encore qu'on ne le vit pas, et que le conte de la sage-femme se trouva de mise.

Au reste, qu'on se garde de rien conclure de tout ceci contre le marquis d'Ar***. Son mobile était celui-là même qui avait porté madame de Bretignolles à marquer son fils d'un signe de reconnaissance. Cette guerre, pleine de brusques retours de fortune et d'incidens cruels, avait banni toute sécurité domestique; les mères étaient dans des transes continuelles, et prenaient des précautions plus ou moins bizarres, plus ou moins prudentes, mais toutes inspirées par la plus pure tendresse. Madame d'Ar*** ne s'était pas montrée la moins judicieuse en venant placer l'objet de sa vive sollicitude sur les confins du théâtre de l'insurrection.

L'enfant qu'elle mit au jour était une fille. Elle fut inscrite sur les registres de l'état civil de Niort par le maître en chirurgie lui-même, lequel était *officier public*. L'acte portait: « A été présenté devant nous un enfant reconnu

CHAPITRE IV.

pour être du sexe féminin, auquel les témoins soussignés ont donné les prénoms d'Anastasie-Liberté, fille légitime de Charles-Angélique-Marc-Antoine Rougeault, dit Ar***, *militaire*, et de Victoire-Adélaïde-Dorothée-Lucie Duchaff..... son épouse.

» Dulary, *garçon de bureau*, 1er *témoin*;

» Cordier, *tambour*, 2e *témoin*. »

Nos dignes magistrats municipaux apposent aux actes publics leur signature de confiance; ils la donnent même souvent en blanc. Dès ce temps-là, ils avaient déjà cette bonne habitude. Le maire de Niort signa donc ce faux sans aucune difficulté.

La petite Anastasie reçut le baptême

des mains du curé de l'Orberie; en sorte que son entrée dans le monde fut accompagnée de toutes les cérémonies désirables.

La marquise se rétablit promptement. C'est au sein des villes, dans leurs appartemens bien clos, bien commodes, entre la laine vierge et l'édredon, que nos jolies femmes sont faibles et délicates : en campagne, vous les trouverez cosaques dès que les circonstances l'exigeront. La belle volupté, en effet, qu'un lit de paille couvert de draps à faire des voiles de vaisseau, dans une étroite chaumière privée de jour, dont le parquet est du pavé mal joint, et où la fumée de bois vert entre toujours pour moitié dans la composition de l'air qu'on respire ! Madame d'Ar*** partit donc une belle nuit pour aller rejoindre son mari à Saumur, dont les Vendéens venaient enfin de s'emparer. Le bruit s'était en même temps fait jour jusqu'à elle, que Charette occupait Machecoul. Sous la direction du curé, elle s'achemina vers Parthenay pour gagner de là commodément Saumur par Thouars et Montreuil.

Le pays, comme le disaient les proclamations vendéennes, était entièrement *purgé* de bleus et de patriotes : il n'était pas purgé de voleurs. En approchant d'Ardin où ils devaient passer l'Aulize, et trouver une voiture, la marquise et le curé entendirent venir derrière eux, par le chemin de St-Hilaire, des gens qui marchaient vite et s'entretenaient à voix basse. Nos voyageurs étaient à cheval, et d'aventure la route se trouvait bonne. « Pressons,

pressons le pas, dit le curé à la marquise; » et il fit sentir les talons à sa monture, qui, répondant au désir de son cavalier, et caressant sa croupe de sa queue, comme pour s'exciter elle-même, partit d'un trot assez vif. La marquise suivit du même train. Mais du fond d'un carrefour vers lequel le chemin inclinait rapidement, une voix rude s'éleva : « Arrêtez ou je vous brûle. »

Soit qu'involontairement les deux voyageurs aient, à ce cri, un peu vivement relevé la bride, soit que les chevaux fussent avertis par leur instinct de l'imminence du péril, ils s'arrêtèrent si brusquement que le curé en perdit les arçons, et que de la selle il se trouva sur le cou du sien. Un de ses pieds était resté dans l'étrier, et l'embarrassait sans pouvoir lui servir de point d'appui. Il se jeta cependant à terre; mais il s'y jeta dans le sens le plus large de l'expression, c'est-à-dire qu'il tomba étendu de toute sa longueur.

— Eh bien! qu'est-ce? prends-tu la mesure de ta fosse? lui dit le brigand qui s'était avancé.

— Canaille! je connaîtrai auparavant la longueur de la tienne.

En prononçant ces mots, le brave curé dirige un fort pistolet sur la poitrine du voleur, et lui lâche le coup à bout portant. Mais l'amorce brûle seule et la charge demeure dans le canon. C'était la première fois que ce pistolet jouait un pareil tour : il faut convenir que cela ne pouvait arriver plus mal à propos.

— Gredin! s'écria le voleur. Et il ajusta le curé avec une espingole à bouche béante.

C'en était fait du saint homme; mais il avait de la présence d'esprit : il fit un saut de côté, et s'adressant d'un ton d'autorité au brigand:

— Arrête! lui cria-t-il, je suis prêtre. Tu ne me reconnais pas; mais moi, je sais qui tu es : je t'ai assez vu et entendu pour être certain que je ne me trompe pas. Je suis le curé de l'Orberie, et toi tu es Six-Sous, le galérien.

Il y eut un moment de silence; et le brigand remit sa carabine en bandoulière.

—Je ne déciderai rien de vous, curé

CHAPITRE IV.

de l'Orberie, dit-il; mais vous allez me suivre.

— Où cela?

— Vous le verrez.

— Je ne me détournerai pas de ma route.

— Vous vous en détournerez.... ou l'on saura vous y contraindre.

Ceux qu'on avait entendus venir par le chemin de St-Hilaire étaient arrivés. Ils appuyèrent la déclaration de Six-Sous. Leur résister eût été une folie; on les suivit. La marquise voulut mettre pied à terre; ils l'obligèrent à rester en selle, l'assurant qu'il ne lui serait fait aucun mal. Un des brigands prit son cheval par la bride.

—Venez, venez, lui dit-il, mon jeune gentilhomme, et ne craignez rien.

On marcha dans une jachère, en remontant le cours de l'Aulize, et au point du jour on se trouva devant une chaumière de triste apparence où l'on entra.

V.

La petite Robe.

— Monsieur le curé, dit insolemment Six-Sous au compagnon de la marquise, après leur avoir indiqué à l'un et à l'autre un siége où il leur fit prendre place ; vous venez de me crier là-bas que je suis un galérien. Entendez-vous par-là que je ne suis pas un brave garçon, susceptible de compatir aux peines d'un ami, et de tout faire pour lui rendre service dans l'occasion? Entendez-vous que je trahisse ma parole une fois que je l'ai donnée? que je sois d'une autre nature d'homme que vous tous qui vous entre-grattez en vous appelant d'honnêtes gens? Non, sans doute; cela ne veut pas dire non plus, dans votre idée, que j'aie une passion répréhensible pour le bien d'autrui; car vous et tous vos amis les honnêtes-gens devriez vous nommer des galériens au moins à autant de titres que moi. Si galérien signifie seulement que j'ai été aux galères, à votre aise! ce n'est pas grand'chose. Vous savez bien que quand vos juges, honnêtes gens comme vous, ne sont pas des fripons il arrive assez souvent qu'ils sont des imbéciles. Plus d'un innocent en a sauté du haut de l'échelle ou en voyage encore, au moment où je vous parle, de Toulon à Marseille et de Marseille à Toulon. Dans tout cela, je ne vois rien qui de votre part puisse m'être un juste sujet de reproche, c'est-à-dire, rien que vous ne fassiez ou à quoi vous ne soyez journellement exposé comme moi. Ce qui nous différencie tous tant que nous sommes, c'est que vous vous glorifiez souvent de votre position, vous autres, et que je ne me glorifie jamais de la mienne. Cependant vous avez voulu me piquer, vous avez voulu m'humilier en me disant : galérien ; vous avez voulu, par conséquent, faire signifier à ce mot-là que je me permets des choses que vous et le monde honnête ne vous permettez pas. Je sais fort bien que pour avoir le bien d'autrui, vous ne vous embusquez pas dans un chemin creux; que vous ne vous exposez pas à vous faire prendre la main dans la poche de votre voisin pour lui soustraire son mouchoir ou sa bourse; que vous ne volez pas un pain chez un boulanger, ni des pommes dans un clos. Voilà ce que je fais, moi... et si je ne le faisais pas, je mourrais de faim; car vos lois d'honnêtes gens, qui flétrissent celui qui dérobe, ne donnent jamais de pain à celui qui a faim...

— Où tend ce verbiage? interrompit le curé avec impatience.

— Un moment, j'y arrive, répondit

l'autre avec un imperturbable sang-froid; puis il continua: Mais, braves et honnêtes gens que vous êtes, vous vous conduisez pourtant entre vous comme de méprisables coquins. Chacun de vous sue à échauffer les autres pour ce que vous nommez l'intérêt public, et dans ce cher intérêt public, chacun de vous ne cherche que son intérêt particulier. Vous vous donnez des assurances que vous trahissez; vous vous signez des écrits que vous trahissez; vous vous faites devant Dieu des sermens que vous trahissez: jamais marché n'a lieu entre vous où il n'y ait une dupe et un fripon; et celui qui a été dupé ce matin friponnera à coup sûr ce soir. Votre incroyable mauvaise foi fait souvent l'étonnement des galères. Nous n'avons pas encore trouvé un mot assez énergique pour vous qualifier ; nous en sommes toujours aux acclamations : « Oh, oh ! — c'est trop monstrueux ! »

— Est-ce pour me prêcher ce sermon que tu m'as fait venir ici ?

— Il ne vaut pas vos prônes ; mais je finis. Tandis que vous, nobles et prêtres, faites une guerre d'extermination pour ce qui vous concerne, en vous adjoignant de pauvres malheureux étourneaux que ça ne regarde pas, moi et quelques braves gens dont vous voyez ici un échantillon, en faisons une moins sanglante pour notre compte. C'est la table des enfans à un repas de famille. Vous vous gorgez, vous vous emplissez comme des outres, vous autres ; nous ne demandons, nous,

CHAPITRE V. 89

qu'un peu de vin coupé et quelques friandises : c'est bien la moindre chose.

— Scélérat! murmura le curé.

Six-Sous l'entendit, arrêta un moment sur lui son œil plein d'impudence et de mépris, et il continua :

— Monsieur le curé, vous êtes un traître...

— Heim!

— Monsieur le curé, rasseyez-vous : ceci n'est pas pour vous offenser. Vous êtes un misérable, et je ne connais pas de galérien qui soit aussi dégradé, aussi méprisable... Connaissez-vous ceci?

— Qu'est-ce que ce papier?

— Rasseyez-vous donc; c'est un écrit curieux... Tenez.

— Ciel! ma lettre à l'abbé Bernier!

— Ah! c'est à l'abbé Bernier? je n'en savais rien, puisqu'il n'y a pas de nom. Je n'aurais pas su qu'elle était de vous non plus; mais elle est tombée dans mes mains avec la réponse : c'est ce qui m'a instruit. Il a bien envie d'être évêque, l'abbé Bernier, et vous bien envie d'être grand-vicaire.

— Assez, assez! rendez-moi ces papiers, et dites-moi ce que vous voulez pour cela.

— Assez si vous voulez; mais voyez si je pense trop de mal de vous. Ne voilà-t-il pas que dans un seul mot vous me tendez deux piéges! Si je vous rends ces papiers, que pourrai-je tirer de vous après? Vous m'enverrez au diable; vous me dénoncerez au conseil supérieur, qui me fera pendre ou fusiller. Non, je les garde, et je les tiendrai en lieu sûr, afin de pouvoir y recourir au besoin. Voici donc ce que je vous propose... Et en vérité, à présent que nous nous connaissons tous deux, ça me paraît une chose bien aisée.

A la guerre que je fais, on court plus au butin qu'à la gloire: je travaille donc pour le butin. Mais vous sentez que je n'entends pas le garder: il faut m'en défaire, le convertir en espèces; et pour moi, voilà la difficulté. D'abord, le pays est trop pauvre pour que le commerce y soit bon; et, en second lieu, si parmi tant de gens qui meurent de faim grâce à vous autres, j'ai aisément trouvé des braves pour venir à l'embuscade avec moi, j'ai une peine de tous les diables à en déterrer qui me servent de courtiers et d'entreposeurs. J'ai songé à vous, monsieur le curé.

— A moi!

— Asseyez-vous donc... Et vous aussi, mon beau jeune homme. Oui, à vous. J'ai en main de quoi vous faire guillotiner de l'autre côté de notre frontière religieuse et royale, et de quoi vous faire pendre ou massacrer ici. Vous dépendez de moi, vous êtes à moi comme vous seriez au diable si vous aviez fait marché de votre âme avec lui. Je vois là-dedans que vous avez des intelligences avec tous les sans-culottes de Niort et de Fontenay : voilà des débouchés. Je ferai donc tant que durera la guerre... et puisse-t-elle durer longtemps, puisqu'elle doit nous être si lucrative à vous et à moi! je ferai, dis-je, tous les dix ou quinze jours, un voyage à l'Orberie; là, je vous remettrai ce qu'il s'agira de convertir en argent, et vous, vous me remettrez l'argent des objets antérieurement convertis. Ne me demandez pas comment vous vous y prendrez, c'est votre affaire. Le confessionnal est déjà un bon moyen pour choisir vos agens. Oh! si j'étais curé, quel bon recéleur je ferais!

— Mais songe donc, mon ami....

— Mais songez, mon ami (si vous voulez qu'il en soit ainsi), que je ne marchande pas ici avec vous; je vous dis seulement ce que je veux que vous fassiez, sinon vous ne trouverez sûreté ni parmi nous, soldats religieux et royaux, ni à l'Orberie au sein de vos ouailles républicaines. Ce que je vous dis de faire, il faut que vous le fassiez, sous peine de mort : il n'y a pas de réplique à ça. Vous ne serez pas dupe, d'ailleurs; nous savons que Melchisédec a droit à sa part des dépouilles.

Le curé avait appuyé ses coudes sur ses genoux et sa tête sur ses mains. Il ne répondit pas. Six-Sous, sans donner la moindre attention apparente au trouble dans lequel il le voyait plongé, siffla du bas d'un petit escalier de bois vermoulu, comme pour appeler quelqu'un. Une vieille femme ridée comme la sibylle de Cumes, à la peau sèche et terreuse, aux caves orbites et aux pommettes saillantes, parut au coude que formait l'escalier en suivant l'angle du mur crasseux, le long duquel il était appliqué.

— Que voulez-vous? demanda-t-elle.

— Le paquet, lui cria Six-Sous. Et elle remonta.

Le curé se leva précipitamment; il s'approcha du galérien, et lui dit quelques mots à l'oreille avec une action très-vive.

— Ne craignez rien, répondit le brigand, je sais aussi comment m'y prendre. Et il jeta les yeux, en parlant ainsi, du côté de la marquise.

La vieille parut. Elle tenait à la main une besace de toile grossière, qui paraissait pesante. Six-Sous fit un signe aux deux hommes qni étaient venus se joindre à lui dans le chemin creux; et sans dire un mot, ils allèrent se placer en sentinelle à la porte. Alors le galérien prenant la besace des mains de la vieille, en tourna l'ouverture du côté de la terre, et la soulevant par les extrémités, en lui donnant de légères secousses, il en fit sortir une foule d'objets qui couvrirent le plancher : bijoux, montres, argenterie et quelques autres effets de plus ou moins de valeur, parmi lesquels une petite robe de soie bleue et garnie de dentelle. De l'inventaire général fait par Six-Sous, nous ne mentionnerons que cet article. — Ce chiffon de robe, dit-il, ne vaut pas grand'chose, parce qu'il a été mouillé, sali; mais la garniture qui est après a son mérite, à ce qu'on pré-

CHAPITRE V.

tend. Vous pourriez nous dire cela, vous, ajouta-t-il, en s'adressant à la marquise.

— Moi !

— Et qui donc ? est-ce que par hasard vous croyez qu'on ne connaît pas madame la marquise d'Ar*** sous cette lévite anglaise ? Voyez-vous, ce que je viens de dire à monsieur le curé doit être enseveli entre ces quatre murailles comme dans un tombeau; autrement il en sortirait un autre secret qui, en se répandant, pourrait compromettre un peu le repos d'une jolie dame qui a eu quelques complaisances un peu vives pour le généralissime du Bas-Poitou, M. le chevalier Charette de la Contrie. Ne répondez pas : jusqu'à présent personne n'a rien à dire, puisque je ne nomme personne. Mais suffit, à bon entendeur demi-mot. Que diable! nous avons tous notre petit fardeau à porter, nos petites querelles de ménage avec notre conscience. Soyons indulgens les uns envers les autres; il n'y a que ça. Monsieur le curé m'appelait cette nuit galérien; il reconnaît qu'il a eu tort. Quand vous iriez dire au conseil supérieur qu'il n'est pas un fidèle serviteur de la cause qu'il paraît soutenir si chaudement; quand j'irais publier, moi, ce que je sais de vos entretiens nocturnes avec le chevalier de Charette, à quoi tout ça rimerait-il? Taisons-nous sur ce qui concerne les autres, afin qu'ils usent de la même discrétion à notre égard.

Après ce bel avertissement, qui ne pouvait manquer de produire son effet, l'effronté Six-Sous obligea le curé de mettre dans sa valise le contenu de la besace, lui annonçant que huit jours après il irait le voir à l'Orberie. Ses compagnons rentrèrent; la marquise et le curé remontèrent à cheval. Ainsi se termina cette singulière aventure.

Arrivés à Ardin, au lieu de la voiture qui devait les y attendre, nos voyageurs trouvèrent une lettre du marquis. On n'avait pu retenir les paysans à Saumur; on voyait décidément que ce n'était qu'une canaille imbécille dont on ne pourrait jamais rien faire que dans le Bocage. On allait cependant tenter de surprendre Angers, et de là marcher sur Nantes. Si l'on était heureux dans ces deux tentatives, cela pourrait inspirer aux Vendéens un peu de cet élan qui leur manquait, et étendre l'insurrection. En tout cas, la possession de Nantes était d'une extrême importance, vu la nécessité où l'on pouvait se trouver d'aller demander un refuge à l'Océan. Madame d'Ar***, qu'on ne supposait pas assez complétement rétablie pour supporter sans péril les fatigues auxquelles on se préparait, était priée de se rendre à Saint-Florent sur la rive gauche de la Loire, et d'y attendre de nouvelles instructions. Le domestique chargé de lui remettre le message avait ordre de l'accompagner. Elle prit congé du curé, et ce ne fut une peine ni pour l'un ni pour l'autre.

Comme on ne lui disait pas de faire diligence, et que surtout on ne lui traçait pas d'itinéraire, il vint, en route, à l'idée de la marquise, qu'elle irait aussi bien à Saint-Florent par Machecoul que par tout autre chemin. Elle rencontra à Pouzauge madame de Bretignolles et son mari accompagnés de Lapierre. Ils se rendaient à Mortagne, où un enfant vêtu d'une petite robe de soie bleue avait dû être conduit par une mendiante. Arrêté comme espion à Réaumur, le fidèle Lapierre, qui était depuis Mouchamp sur les traces de cette femme, n'avait pu aller plus loin. Il s'était réclamé de ses maîtres; et ceux-ci, tardivement instruits de l'événement, parce que dans ce malheureux pays les communications n'étaient rien moins que faciles, avaient aussitôt fait leurs diligences pour venir le délivrer et poursuivre le voyage avec lui.

Madame d'Ar*** instruite de tout cela, car les Bretignolles, dans l'espoir que la publicité favoriserait leurs recherches, n'en faisaient aucun mystère à personne, madame d'Ar*** se fit minutieusement dépeindre la petite robe et le point qui la garnissait. Madame de Bretiguolles en avait, par précaution, un échantillon sur elle.

— Cette garniture, dit-elle, provient d'une paire de manchettes que portait mon mari dans ses grands jours de service à la cour; voici le jabot pareil.

— C'est cela, c'est ce que j'ai vu, j'en suis certaine.

— O Madame! vous me rendriez la vie! Où l'avez-vous vu, je vous en conjure?

— Ecoutez, il ne m'est pas permis

de m'expliquer avec beaucoup de détail. Allez d'abord à Mortagne. Si vous trouvez votre enfant, vous n'avez plus à vous occuper du reste, et vos manchettes, toutes précieuses qu'elles sont, peuvent courir le monde. Mais si votre espoir de tendres parens se trouve malheureusement déçu, rendez-vous dans les environs d'Ardin, informez-vous-y d'un nommé Six-Sous... assez mauvais sujet peut-être, mais qui, dans l'origine, a rendu quelques services à notre noble insurrection. Il doit avoir des renseignemens à vous donner. Ne lui dites pas que c'est moi qui vous envoie surtout : cela ne vous servirait à rien, et pourrait m'être fort nuisible. Donnez de l'argent à Six-Sous, beaucoup d'argent... — Il ne faut pas faire la grimace, monsieur le marquis, c'est comme cela. J'espère que vous aurez lieu d'être satisfait. Peut-être n'y aurait-il pas de mal aussi que vous vissiez le curé de l'Orberie. Vous le trouverez ou dans sa cure, près Fontenay, ou à la suite de notre conseil supérieur : c'est un homme... d'une incroyable activité.

On prit soigneusement note de tout cela, et chacun de ces dignes gens courut où son intérêt le poussait.

En arrivant à Mortagne, le premier soin des Bretignolles fut de se faire annoncer chez l'administrateur de l'hôpital. Il les reçut avec empressement. Mais quand il sut qu'ils venaient du Marais : « Ah, ah ! dit-il, vous êtes de l'armée de Charette. » Alors il prit un ton de fatuité : « Nous vous avons ravitaillés plusieurs fois. C'est tout simple; nous allons en avant, nous autres; nous attaquons les républicains partout; nous prenons des villes; nous enlevons leurs magasins, leurs arsenaux. Je vais vous faire voir nos établissemens. Nous avons près de cent pièces d'artillerie, une fonderie de boulets, des moulins à poudre...

— C'est fort beau assurément, monsieur; mais nous venons....

— Nous sommes approvisionnés en blé pour trois mois; nous avons quarante-cinq mille paires de souliers...

— L'objet qui nous amène....

— Et des vêtemens : draps, toiles, siamoises....

— Ayez la bonté d'entendre....

— Et des finances : une caisse. Nous donnons quinze sous par jour à nos hommes de la garnison de Saumur. Vous, dans le Bas-Poitou, vous vous défendez. Pauvre guerre et qui n'enrichit pas ceux qui la font! Heureusement nous sommes là.

Après avoir ainsi donné carrière à sa langue et à ses poumons, il fut obligé de s'arrêter un moment pour reprendre haleine. Madame de Bretignolles en profita, et lui fit connaître l'objet de son voyage.

— Ah, ah! dit-il, j'ai entendu parler de cela : oui, cet enfant-là est ici. On en a eu soin, c'est tout simple ; l'humanité..... Puis on nous avait fait entendre qu'il appartenait à des personnes distinguées. Nous ignorions cependant qu'il fût de condition.

— Ah! mon cher monsieur, s'écria madame de Bretignolles, ayez la bonté de nous faire conduire dans le lieu où il est.

— Je vais vous y conduire moi-même, madame. Il les fit en effet passer de ses appartemens dans le bâtiment de l'hôpital, les guidant à travers des salles de blessés et de fiévreux, vantant partout ce qu'il appelait l'ordre et la propreté, et répétant à haq ue pas : « Vous n'avez rien de cela à Machecoul. » Madame de Bretignolles était trop exclusive dans ses sentimens de mère pour être d'un patriotisme bien susceptible. Elle ne répondait qu'en pressant le pas, pour arriver un moment plus tôt auprès de son cher enfant. Son mari montrait le même empressement qu'elle, modérant autant qu'il le pouvait l'action de ses poumons, par la crainte où il était de contracter par la respiration quelque maladie contagieuse.

On arriva à une espèce de crèche. Toutes les sœurs, nourrices et filles de salles, se levèrent à l'aspect de monsieur le directeur.

— Où est, demanda-t-il, un joli enfant qu'on nous a amené la semaine dernière ?

— Un enfant vêtu d'une robe bleue garnie de dentelle, se hâta d'ajouter madame de Bretignolles.

— Oui, dit aussi son mari, une petite dentelle à vingt-cinq louis l'aune, rien qu'ça.

— Il n'est plus ici, répondit une

vieille sœur. C'était un enfant volé; ses parens sont venus le réclamer.

— Le réclamer! s'écria la marquise. Ce sont des imposteurs. Cet enfant est à moi.

— Il est à nous, ajouta M. de Bretignolles.

— Je vous assure, monsieur et madame, qu'il a parfaitement reconnu ses père et mère, et qu'on ne peut pas former le moindre doute à cet égard. Ces dignes gens sont de bons bourgeois de Châtillon, très-pieux et très-royalistes.

— Mais cependant, dit la marquise d'un ton d'incrédulité, cet enfant était vêtu d'une robe de musulmane bleue.

— Garnie d'point d'Angleterre, ajouta le marquis.

— Cette robe est restée ici, répondit la vieille sœur; nous en avions dépouillé l'enfant, selon l'usage de la maison; ses parens n'ont pas voulu la reprendre.

La marquise demeura interdite.

— On n'abandonne pas ainsi du point d'Angleterre, observa son mari comme pour l'engager à se rendre à la raison.

— Voyons, insista-t-elle, ayez la bonté de me montrer ce vêtement.

On la conduisit au vestiaire de l'hôpital. Là, on tira d'une armoire vermoulue un fourreau de satin fané dont la couleur équivoque pouvait se nommer verte ou bleue, sans que l'un des deux avis fût moins fondé en raison que l'autre.

— Ce n'est pas cela, dit la pauvre marquise, en laissant tomber sa tête sur sa poitrine.

— C'nest pas ça, répéta son mari, en montrant dédaigneusement du doigt un tour de gorge et des bouts de manches de vieille dentelle d'Alençon. Vous voyez ben que c'nest pas là du point d'Angleterre.

— Pardon, messieurs et mesdames, dit douloureusement la marquise en se retirant, je vois que j'avais tort.

— Si monsieur et madame font quelque séjour à Mortagne, dit le directeur de l'hôpital, je me ferai un vrai plaisir de leur montrer dans le plus grand détail nos magasins et tout ce qui compose le matériel de notre armée.

On le remercia de sa complaisance, et l'on se mit immédiatement en route pour Ardin.

VI.

Le Conseil de guerre.

—Monsieur le curé de Saint-Land? demanda à un domestique du château des Rosiers, un homme essoufflé, et qui venait de descendre d'un cheval couvert d'écume.

— Monsieur, il est ici.

— Conduis-moi vers lui à l'instant, et reviens ensuite prendre mon cheval pour le mettre à l'écurie.

— C'est par là que j'vas c'mencer, monsieur, si vous voulez bien l'permett'e, pa'c'que monsieur l'curé d' Saint-Land est pour l'instant avec..... son excellence monseigneur l'évêque d'Agra.

— Son excellence! butor.

— Plaît-il, monsieur?

— Je te dis d'aller m'annoncer sur-le-champ à M. l'abbé Bernier. Tu lui diras que c'est le curé de l'Orberie qu demande à lui parler.

L'Orberie?

CHAPITRE VI. 115

—Oui.

— L'Orberie! qué drôle de nom!

—Va, va.

—Eh bien, monsieur l'curé, j'irai tout d'suite drès qu'i n' s'ra pus avec monseigneur. Donnez-moi vot' pauv' cheval. Nom d'un p'tit sabot! a-t-i chaud! est-i laid! il en crevera.

— Fais ce que je te demande.

— Non, non; ça m'est trop bien défendu. Ho! cadet! viens. Il est déferré d'un pied; vous ne l'avez donc pas vu, monsieur l'curé?

— As-tu juré de me faire damner, imbécille?

—C'est-i pas offenser Dieu, d'mett'e

dés pauv's animaux dans dés états de d'même!

— Décidément tu ne veux pas aller m'annoncer?

— Ah! décidément, j'connais trop mon d'voir.

— Tu ne refuseras pas du moins de me dire où est monsieur le curé avec sa grandeur, dans quelle chambre, dans quel?....

— Il n'est pas dans eune chambre. Sa grandeur!.... c'est-i farce! T'nez, voyez-vous, monsieur l'curé, il est là-bas, sa grandeur, passé l'vestibule, comme qui dirait dans l'parc : vous tourn'rez par là, à droite....

— A droite.... tu m'indiques ta gauche.

CHAPITRE VI.

— Ma gauche! voyons donc.... c'est vrai : c'est de c'te main-là que j'fais au nom du Père. Comme vous vous apercevez d'ça tout d'suite! dame! faut étudier pour êt'e curé. Si bien donc qu'vous allez tourné à... à gauche; puis, vous irez tout droit d'vant vous, jusqu'à c'qu'ous voyiez un p'tit ch'min jaune avec des charmies des deux côtés. Vous irez encore tout droit, tout droit, en tournant jusqu'à la biringue.

— La biringue... qu'est-ce que cela ?

— C'est... où y a tant d'chemins qui tournent et qui ratournent, qu'c'est à s'y pard'e.

— Ah, ah! le labyrinthe, tu veux dire?

— Non, j'veux dire biringue : nous disons tous biringue, ici.

— Je vous en fais mon compliment. Si bien donc, que ce chemin jaune, bordé de charmille, y conduit?

— Comme vous dites.

— J'y vais.

Le curé entra dans le parc, et le valet conduisit à l'écurie le malheureux cheval qui, en effet, était dans un état déplorable.

Au bout du chemin qu'on lui avait indiqué, le curé rencontra l'abbé Bernier avec le prétendu légat du saint-siége. Leur conférence venait de finir, et Monseigneur se retirait. Il salua notre homme, et eut même l'impertinence de lui donner sa bénédiction.

— C'est un imbécille, dit le curé de Saint-Land, quand il le vit éloigné. Il fera parfaitement notre affaire. Il n'a pas d'autre ambition que de jouer cette farce tant que durera notre guerre; seulement il s'imagine qu'elle ne finira pas.

— Il s'agit d'autre chose que de cette comédie qui a trop bien réussi, pour nous demander aujourd'hui beaucoup de soin. Six-Sous nous taille de la besogne.

— Qui ? ce mauvais garnement ?....

— Lui-même. La dernière lettre que je vous ai écrite, la réponse qu'il paraît que vous y avez faite, tout est tombé entre ses mains.... Il sait notre secret.

— Ah! c'est lui?... J'ai perdu, en effet... ou plutôt on m'a volé un portemanteau où se trouvaient ces lettres et quelques papiers. Je craignais que cela ne fût tombé au pouvoir des républicains; j'aime mieux le savoir entre les mains d'un des nôtres.

— Il menace d'en faire usage.

— C'est-à-dire qu'il met son silence à prix. Eh bien! on tâchera de le satisfaire.

— C'est que le prix qu'il exige... est exorbitant.

Le curé de l'Orberie instruisit son confrère des conditions que faisait le forçat. L'abbé Bernier en rit beaucoup. Puis, après un moment de réflexion : — Je l'aurai, dit-il, à meilleur marché.

CHAPITRE VI.

Changeant alors d'entretien, il parla de l'attaque qui allait avoir lieu sur Angers, et de celle qu'on dirigerait aussitôt sur Nantes. — C'est là, dit-il, que nous verrons clair dans notre position. Ou l'Angleterre nous secondera, et nous deviendrons tout-à-fait formidables à la République, que nous pourrons travailler de tout notre cœur à renverser; ou elle nous trahira selon sa coutume; et que voulez-vous, mon cher, il faudra nous résigner. Comme disait Catherine de Médicis, nous prierons Dieu en français; nous jurerons la constitution. En attendant, vous verrez jouer demain une petite scène de mon invention, que nos messieurs du conseil ont fort approuvée, et qui pourra produire un bon effet sur les esprits.

On annonça au même instant que l'armée se mettait en marche.

On n'attaqua point Angers ; on y entra ; les troupes républicaines l'avaient évacué : il n'y eut aucune résistance.

Le lendemain, l'évêque d'Agra s'y rendit accompagné de l'abbé Bernier, du curé de l'Orberie et de quelques autres ecclésiastiques. Il fit son entrée en véritable apôtre, sans pompe et sans faste. Il était à cheval, vêtu simplement ; et un seul domestique marchait à sa suite, portant sa crosse qui était en bois. Les cloches sonnaient ; un peuple immense s'était rangé sur son passage. Il donna partout sa bénédiction avec une gravité et des manières tout-à-fait évangéliques. Il dit la messe à la cathédrale. Comme, après cette cérémonie, il se rendait à la maison où son logement avait été fait, il rencontra deux canonniers républicains qu'on avait, la veille, condamnés à mort, et qui marchaient au supplice. Il s'arrêta, se fit expliquer la chose, et demanda instamment leur grâce aux membres du conseil qui l'entouraient : on la lui accorda. Des larmes d'attendrissement coulaient de tous les yeux.

— Voilà ma scène, dit l'abbé Bernier, en se penchant à l'oreille du curé de l'Orberie.

— Quoi! cela n'est qu'un jeu?

— Oui. Les prêtres vendéens sont accusés de prêcher le meurtre; il faut prouver par un trait irrécusable leur douceur et leur humanité (1). Voilà,

---

(1) Voir les *Mémoires de madame de la Rochejacquelein*, t. 1, p. 165.

mon cher ami, comme on gouverne les hommes.

Cependant monsieur et madame de Bretignolles s'étaient rendus à Ardin. Ils allaient partout s'informant de Six-Sous, et personne ne leur en pouvait donner de nouvelles. Ils perdirent quatre grands jours à cette inutile investigation. Enfin, désespérant de rien obtenir par cette voie, ils tournèrent leurs visées vers l'Orberie, dont madame d'Ar*** leur avait dit que le curé devait connaître ce qui les intéressait.

Or, le forçat lui-même avait fait ce voyage; et n'ayant pas trouvé le curé, il revenait fort mécontent. Il n'avait cependant pas perdu son temps dans le village. Un paysan qu'il avait rencontré dans un cabaret s'était enivré en buvant avec lui, et lui avait raconté l'histoire de l'accouchement d'un jeune homme amené dans sa chaumière par le curé. Un autre hasard lui avait aussi fait voir Jacquot, et les signes qu'il portait sur sa poitrine. Bref, si les Bretignolles qui le rencontrèrent en route l'avaient connu, ils en eussent tiré de précieux éclaircissemens. Ils se trouvèrent face à face avec lui sous une aulnaie. Ne sachant qui il était, ils continuèrent leur chemin et lui le sien. Il se passe quelquefois des choses dans le monde à faire croire que la Providence se complaît au spectacle de nos peines et de nos vaines inquiétudes.

Sur la fin de la journée, Six-Sous vola un cheval dans une prairie, et tira droit sur Châtillon, où se tenait ordinairement le conseil supérieur, et où il espérait trouver son curé. Là, il apprit que l'armée se portait d'Angers sur Nantes, et que le conseil s'y trouvait. Il y courut; il arriva tout juste pour voir la plus épouvantable déroute que les malheureux Vendéens eussent encore essuyée. Ils fuyaient sur la rive droite de la Loire, s'emparant de toutes les barques qu'ils trouvaient, et s'y jetant en foule pour passer sur la rive gauche. Plusieurs de ces barques ainsi surchargées cédèrent sous le poids et disparurent au milieu du fleuve.

Le plan d'attaque n'avait été ni mûri ni sagement combiné. Charette avait été engagé à prendre part à l'expédition. Il y consentit, et fut exact au rendez-vous. Les assiégeans étaient au nombre de plus de cinquante mille; il n'y avait pas dix mille combattans dans la ville, y compris la garde nationale, et cette ville était ouverte de tous les côtés.

On commença par délibérer une sommation dans le conseil. L'abbé Bernier, le bénédictin Jagault et un avocat de Fontenay, qui était devenu royaliste le jour où sa ville fut prise, furent chargés de la rédiger. Elle portait en substance: « Au nom de la très sainte Trinité, de Louis XVII et du Régent du royaume, que le drapeau blanc serait immédiatement arboré, que l'on jurerait fidélité au roi *et à la religion*; que la garde nationale et les troupes de la garnison livreraient leurs armes et leurs chefs, et les représentans du peuple, et les autorités, et les citoyens qui seraient désignés... et les caisses publiques, etc., etc., etc; faute de quoi la place recevrait l'assaut sous trois jours, la garnison et les citoyens seraient passés au fil de l'épée, la ville saccagée et brûlée, etc., etc., etc. »

On savait que les terribles soldats catholiques ne manqueraient pas à ces paroles. Les autorités se réunirent; elles convoquèrent les soldats et les citoyens : il fut décidé à l'unanimité qu'on se défendrait jusqu'à la mort.

L'assaut fut livré, les intrépides Vendéens attaquèrent sur tous les points à la fois; ils pénétrèrent même dans les faubourgs de St-Clément, de St-Similien, et jusqu'à la place de Viarmes. Un effort de plus du côté des assaillans, un seul de moins du côté des assiégés, et la Reine de la Loire n'existait plus.

CHAPITRE VI.

Braves Nantais ! braves soldats de la République française qui les secondâtes si bien, honneur à vous!

Un de nos amis contribua puissamment à la délivrance et au triomphe de la noble cité : ce fut Charles. Le chef de bataillon Joisel avait été placé avec quelques-uns de ses braves au bourg de Nort, poste important, en avant de Nantes, sur la rive droite de la Loire. Il y fut tué : le capitaine Guesdon, le premier après lui dans la hiérarchie militaire, prit aussitôt le commandement à sa place. Mais il fit une si belle résistance, que l'ennemi qui, d'après le plan d'attaque, devait être sous les murs de la ville à deux heures du matin, ne put y arriver qu'à neuf. Il faut entendre un historien vendéen parler de cet admirable fait d'arme. « *Un*

» *premier malheur*, dit-il, empêcha la
» parfaite exécution de ce plan. L'ar-
» mée républicaine avait laissé un dé-
» tachement dans le bourg de Nort.
» *Contre toute attente*, il se défendit
» dix heures de suite (1). »

L'armée catholique et royale perdit deux de ses *saints* dans cette affaire : le généralissime Cathelineau et Jeanne Robin la moderne Jeanne-d'Arc. Cette dernière avait communié le matin des mains pures du curé de Saint-Laud.

Six-Sous, l'adroit et effronté Six-Sous parvint à rencontrer le curé de l'Orberie au milieu de cette débandade.

---

(1) *Mémoires de madame de la Rochejacquelein*, t. 1, p. 167.

Autant aurait valu pour lui se noyer dans la Loire.

— Vous voilà donc! s'écria-t-il; en vérité, on a bien de la peine à mettre la main sur vous.

En ce moment le curé se trouva avoir auprès de lui quelques soldats allemands, déserteurs de la garnison républicaine de Saumur.

— Entendez-vous le français? leur demanda-t-il.

— Plaît-il, mossié?

— Je vous demande si vous entendez le français.

— Lé français? Oh! *ia*, un petit pé.

— Nous safoir pien crier: *fife lé roa*!

— Il n'en faut pas davantage : c'est le fond de la langue ici. Arrêtez-moi cet homme-là.

— Plaît-il ?

— Que dites-vous donc? demanda le galérien.

— Prenez-moi ce coquin-là, répéta le curé aux soldats, en leur montrant de l'index Six-Sous qui commençait à gagner le large.

— Oh! côquinn, côquinn, *ia*.

Et ils se mirent à poursuivre Six-Sous qu'ils atteignirent bientôt. Celui-ci chercha d'abord à se défendre; mais il fallut céder au nombre. Alors il changea de batterie : il en appela aux passans, leur cria, en indiquant le curé, qu'il était victime de la scélératesse de ce mauvais prêtre; qu'il prouverait que c'était un renégat, un traître. Il eut beau s'égosiller; on le laissa dire et on continua de passer. Un journal patriote ne dénonce pas plus inutilement une forfaiture ministérielle.

L'abbé Bernier parut: il était accompagné de Stofflet et de Marigny, tous deux ivres comme deux sonneurs. A la demande du curé de l'Orberie, ils gagnèrent un village voisin où le galérien fut traîné par les soldats allemands. Là, un conseil de guerre organisé d'urgence, sauf à rendre compte à qui de droit, entendit une accusation en forme contre Six-Sous, déserteur de la cause royale, et brigand pour son propre compte. Le curé de l'Orberic exhiba la valise remplie de témoins muets et de pièces convaincantes. Le pauvre diable ne put rien nier. Il reprocha aux deux prêtres de lui jouer ce mauvais tour par vengeance. Il parla des preuves qu'il avait contre eux; on ne le laissa pas achever.

— Tais-toi, coquin! lui criait Marigny chaque fois qu'il abordait cette thèse.

— Mais, monsieur le marquis, je vous dis qu'ils vous trompent, et que je suis plus galant homme dans mon petit doigt...

— Tout est prouvé, tout est entendu, lui cria aussi Stofflet. Il n'appartient pas à un misérable de ton espèce de parler comme tu fais de vénérables ecclésiastiques, en présence de personnes... comme monsieur le marquis... et comme moi.

On se retira dans un coin pour délibérer. Le curé de l'Orberie resta auprès du pauvre diable d'accusé qui se démenait pitoyablement entre ses flegmatiques gardiens.

— Quelle est votre opinion, monsieur le marquis? demanda l'abbé Bernier à Marigny.

— Mais je dis que ce drôle a mérité dix fois la corde, et qu'il est bon qu'enfin il soit un peu pendu.... pour lui apprendre à vivre. Ah, ah, ah!

— Ne rions pas, monsieur le marquis, c'est une chose grave que la vie d'un homme.

— Il en a été immolé dix mille aujourd'hui, dont le moindre valait dix mille fois mieux que la sienne.

— Cela n'est que trop vrai. Et vous, général Stofflet?

— Quoi?

— Quel est votre avis?

— Mon avis est que nous venons de recevoir un terrible soufflet, et que si jamais nous rabattons sur cette diable de ville, il faudra tirer à boulets rouges.

— C'est vrai: on était convenu de le faire, et on ne s'en est pas souvenu; énorme faute (1)! Mais c'est de l'ac-

---

(1) Il était dit qu'on tirerait sur la ville à boulets rouges; le Bouvier, *Vie du général Charette*, p. 92.

cusé que je vous parle. Quelle peine jugez-vous qu'il mérite? M. de Marigny se prononce pour la mort.

— Moi aussi, parbleu! qu'on me flanque une bonne demi-douzaine de chevrotines dans la caboche de ce garnement-là qui ose dire que vous êtes un traître.

— Moi, monsieur, *ecclesia abhorret à sanguine*; je ne puis pas être aussi rigoureux que vous; d'ailleurs, comme il m'a offensé personnellement, il me convient de montrer de l'indulgence : je l'absous.

— Vous pouvez l'absoudre tant qu'il vous plaira; nous sommes deux contre vous, nous devons l'emporter.

— Il n'y a rien de plus juste.

On se remit en séance, et la sentence fut prononcée.

L'urgence la fit encore exécuter immédiatement. Six-Sous, porté dans un clos voisin, criant, se débattant, mordant ceux qui exerçaient sur lui cette violence, fut attaché à un arbre et fusillé : ce fut Stofflet qui commanda le feu des Allemands.

Un procès-verbal de toute l'affaire fut adressé au conseil supérieur. Il y était dit que « le nommé Six-Sous se refusant à faire connaître ses autres noms et prénoms avait été pris et arrêté en flagrant délit de brigandage à main armée sur le pavé du roi, et comme tel condamné à mort par un conseil de guerre rassemblé d'office, à la majorité de deux tiers des suffrages.

On ajoutait que le condamné était mort en invoquant les secours de la religion, et en donnant des marques de repentir qui avaient touché tous les assistans.

Ainsi finit l'homme qui pouvait éclairer monsieur et madame de Bretignolles sur l'objet de leur tendre sollicitude. Sa mort les priva de toutes ressources, excepté de celles qui pouvaient naître du hasard; car ils virent le curé de l'Orberie, il leur remit la petite robe que le marquis reconnut tout de suite à sa garniture; mais il ne put leur rien apprendre.

VII.

Vengeance.

Nous avons dit qu'après avoir sauvé son père de la justice de Souchu, Charles l'avait emmené à Nantes, où le digne homme s'était établi avec sa femme et Laurentine. Leur maison était située

CHAPITRE VII.

sur le quai de Saxe dans l'île Feydeau. Ce quartier, le jour du siége, fut un des plus exposés aux boulets de Charette. Il en pénétra un dans leur appartement qui frappa le bon M. du Bard au milieu de la poitrine. Il était assis entre sa femme et sa fille : elles furent l'une et l'autre couvertes de son sang. La première en mourut de saisissement quinze jours après.

Charles fut au désespoir; Laurentine faillit perdre la raison. Elle n'avait pas entièrement abandonné ses projets de vengeance contre Charette; elle y revint avec plus d'animosité que jamais.

— Cet homme est la cause de tous nos malheurs, dit-elle à son frère; procurons-nous donc le seul plaisir, que, grâce à lui, il nous soit possible de goûter encore : vengeons-nous.

— Ah! je ne désire rien avec autant d'ardeur. Mais quels moyens nous connaissez-vous pour cela? Dans ses cantonnemens de Legé, de Machecoul, de Palluau, il est comme un souverain, inattaquable, inabordable. Sans cela, je crois avoir payé ma dette à ma patrie, j'irais le provoquer au milieu de ses fêtes, de ses banquets : je me battrais avec lui; et il aurait ma vie, ou j'aurais la sienne.

— Et c'est là ce que vous appelez vous venger? Pauvre Charles! vous n'êtes pas femme. Écoutez-moi : j'ai long-temps mûri un projet que j'ai même tenté de mettre à exécution. Je m'étais trop hâtée : le moment en est venu enfin. Ce n'est pas noblement, excité par l'imminence du péril ou par l'aiguillon de la gloire, en combat singulier qu'il doit périr; ce n'est pas d'un coup de poignard porté à l'improviste au milieu de l'ivresse des plaisirs, de l'orgueil et du bonheur : cette mort est la vraie mort douce; et il n'y a créature douée de raison qui n'en désirât une semblable. Je veux que la sienne soit lente, froide, horrible, aperçue de loin étendant sa main inévitable, obsédant la veille, troublant en sursaut le sommeil qu'elle dépouille de repos et de rêves consolateurs ; toujours là, présente, attirant seule les regards et chuchottant à l'oreille pour qu'on n'entende rien qui désoccupe d'elle. Voilà une vengeance ! ce qui en comblerait la douceur, ce serait d'assister à cette agonie, de la voir en riant, et de dire: Ceci, tu me le dois, et moi, je te le devais pour cela, pour cela, pour cela... etc.

— J'avoue... que c'est pousser loin la cruauté. Mais comme vous dites, je ne suis pas femme.

— Et pas femme outragée surtout.

— Mais encore une fois, par quels moyens arriveriez-vous à ce terrible résultat?

— Par des moyens tout simples. Je reprendrai un costume vendéen que vous ne m'avez pas vu, mais que j'ai déjà porté avec succès; je reprendrai parmi les brigands une place que j'y ai déjà occupée... Il n'y a pas la moindre difficulté à tout cela. Vous, vous voilà revêtu d'un grade supérieur; vos talens, votre bravoure, votre patriotisme, tout est prouvé; on vous confiera toutes les expéditions que vous proposerez, et nous nous concerterons suivant les occurrences. Nous aurons à notre disposition Pluton et Rabillé, deux bons êtres d'un sûr instinct, et dont le moins élevé dans l'échelle des êtres est de mille échelons plus haut que le chevalier François-Athanase Caretto de la Contrie. Nous serons bien malheureux si avec tant de ressources et notre bon droit et nos griefs enregistrés au ciel... dans l'enfer, n'importe, nous n'arrivons pas à quelque chose.

— Mais, ma chère Laurentine, puis-je consentir, moi, votre frère, que vous vous exposiez?...

— Je ne vous demande pas votre consentement. Je suis libre, maîtresse de moi-même et de mes actions. Je vous propose de concourir à une entreprise qui pourra avoir lieu sans vous, parce que, à votre refus, je la proposerais aux représentans qui sans doute ne la rejeteront pas. Il s'agit uniquement pour vous de répondre oui ou non. On veut enlever de vive force, amener ici, pieds et poings liés, l'ennemi armé de votre pays, dont vous êtes le défenseur armé; on veut infliger une punition, non, sans doute, en proportion avec ses crimes, à un homme qui s'est fait un jeu de votre ruine, qui a causé la dispersion de votre famille, qui est coupable de la mort de votre père et de votre mère... et qui a déshonoré votre sœur!...

Laurentine, la rougeur sur le front, gesticulant avec véhémence, s'interrompit ici, frappée de l'étonnement mêlé d'indignation qu'elle vit éclater dans les regards de son frère. Après un court moment de silence, elle reprit :

— Croyez-vous devoir user de clémence et de générosité envers lui?

Charles ne répondit pas immédiatement; il mit quelques instans sa main sur ses yeux comme pour les empêcher d'exprimer ce qu'il sentait, ou penser avec plus de recueillement; après quoi, regardant la jeune fille avec compassion :

— Je ferai, lui dit-il, ce que vous attendez de moi.

Elle entra alors avec lui dans l'ordonnance et la combinaison du plan qu'elle avait conçu; et trois jours après tous deux quittèrent Nantes pour entrer dans le Marais : lui, à la tête d'une compagnie franche qu'on mit sous ses ordres; elle, affublée de nouveau de son costume vendéen.

A partir de ce moment, mille embûches furent tendues à Charette, qui n'y échappa que par miracle. A l'attaque de Luçon, où il se conduisit avec beaucoup de courage, ses soldats lâchèrent pied sur une fausse alarme qui leur fut donnée; et arrivé à Chantonay, rendu de fatigue et ayant le plus grand besoin de repos, la compagnie franche

CHAPITRE VII.

vint l'attaquer à l'improviste, et se fût infailliblement emparée de sa personne sans la rare présence d'esprit dont il était doué.

Il allait se mettre au lit, quand ses sentinelles avancées, se repliant précipitamment, vinrent l'avertir que des cavaliers en beaucoup plus grand nombre que les siens s'approchaient du bourg. On lui apprit bientôt aussi qu'un corps d'infanterie assez considérable suivait cette cavalerie pour la soutenir. C'était par la route de Saint-Philbert que l'ennemi arrivait. Il ordonna aussitôt à ses fantassins que la fatigue mettait hors d'état de combattre, d'aller l'attendre à Saint-Vincent d'Estenange. Se mettant en même temps à la tête du faible escadron qui lui restait, il en détacha une partie au-devant de l'ennemi, avec ordre de se replier lentement dès qu'on l'apercevrait jusqu'à une portée de pistolet des maisons ; là, de faire une décharge de toutes les carabines et de se sauver aussitôt en traversant le bourg au grand galop dans toute sa longueur. Il s'embusqua cependant avec le reste de ses hommes à peu près au milieu de la rue que les fuyards devaient suivre.

Ses ordres furent ponctuellement exécutés. Après avoir essuyé le feu de l'ennemi, Charles, le voyant fuir, entra derrière lui en le poursuivant. Charette le laissa passer, et tomba aussitôt sur ses talons. Cette attaque imprévue déconcerta le frère de Laurentine qui se sentit entre deux feux, et dont les soldats, se dispersèrent dans les rues adjacentes, pour se soustraire au sort dont ils se croyaient menacés. Charette, qui n'avait pas envie de les poursuivre, se retira en riant, et Charles fut obligé de se jeter lui-même à l'écart, pour lui livre passage.

Ces fréquentes surprises nocturnes, cette continuelle privation de repos, portèrent bientôt atteinte à la santé du chef vendéen : il tomba dangereusement malade. L'occasion était belle ; Laurentine n'en profita pas. Son frère ne reçut d'elle aucun avis tant qu'elle put se flatter que le sort de son ennemi était entre ses mains. Cent fois elle eut la pensée d'en finir ; elle n'en eut jamais le courage. L'idée d'une vengeance si facile était-elle sans attraits pour une âme comme la sienne ?

Craignait-elle que l'effet d'une grande commotion ne lui dérobât tout le plaisir de cette vengeance en frappant son ennemi d'une mort qui la lui faisait presque éviter ? Un sentiment moins haineux la tenait-elle à son insu dans cette inaction ? Chaque hypothèse a eu ses partisans ; nous ne déciderons pas.

Charette se rétablit, et tout le courroux de Laurentine se ranima. Ce fut à cette époque qu'elle reconnut qu'un jeune homme très-aimé du général, et très-assidu auprès de lui, était madame d'Ar***. La compagnie franche reçut bientôt de nouveaux avertissemens ; et les dangers de Charette se renouvelèrent. Il prouva que sa maladie n'avait pas altéré son esprit fécond en ressources.

CHAPITRE VII.

Il serait trop long de suivre cette lutte dans tous les incidens qui la signalèrent; nous nous bornerons aux plus intéressans. A travers la narration du fait principal qui est le fond de cette histoire, nous avons cru pouvoir offrir un tableau de l'insurrection vendéenne. Nous l'avons montrée mauvaise dans son principe, abusant de la crédulité d'une population ignorante, n'ayant point de but véritable, et ne faisant un cruel et sanglant outrage à l'humanité que par un dépit puéril et stupide. Nous avons fait voir que malgré la bravoure incontestable des chefs et des soldats, ceux-ci manquant de discipline et les autres de concert et d'union, peut-être même de talens, il leur devenait impossible de rien tenter au-delà de leur premières limites. Fontenay, Thouars, Saumur, Angers, pris sans pouvoir être occupés; l'effort immense et désespéré d'une attaque sur Nantes, n'aboutissant qu'à la plus honteuse défaite : tout a dû prouver que jusqu'à présent ce déplorable incendie ne pouvait s'étendre, et que pour l'entretenir il n'y avait d'aliment qu'à son propre foyer.

On accuse la Convention, gouvernement d'une effroyable énergie, et que les circonstances avaient fait tel, de s'être montrée dès l'abord peu soucieuse de cette rebellion. Que pense-t-on qu'elle dût faire? Retirer ses armées des frontières et livrer l'entrée du pays à l'étranger, pour terminer plus promptement dans l'intérieur une querelle de famille? Fallait-il qu'avec une mansuétude dont elle n'usait en aucun autre lieu, et qui l'aurait perdue, elle se bornât à placer autour de ce soulèvement de gentilshommes et de prêtres qu'elle détestait, un simple cordon sanitaire? Mais les contributions, mais le recrutement de l'armée, mais la liberté de la circulation, les relations commerciales, sociales, toute la vie du reste de l'empire allanguie et décomplétée par cette paralysie d'un des membres; était-il juste, était-il sage, était-il possible de s'y prêter? Les remèdes prompts et énergiques étaient, sans aucun doute, les seuls qui fussent salutaires. Ce n'était pas là une révolte d'hommes affamés à qui humainement et politiquement on ne peut répondre que par des concessions d'ouvrage et de pain; c'étaient des citoyens qui méconnaissaient la loi, qui troublaient l'ordre pour le troubler, et dont le désir le plus ardent était que l'étranger fît invasion sur le sol de la patrie. Avec ces méchans citoyens on ne devait recourir qu'à la force. La Convention n'en employa pas une assez active; elle employa toute celle dont elle put disposer. L'indifférence qu'elle affecta en fut peut-être le plus utile complément.

Nous allons donc nous borner maintenant à l'épisode de Charette et de Laurentine auquel nous supposons que le lecteur prend quelque intérêt. Pendant que cette histoire marchera, Jacquot, que nous avons laissé à l'Orbérie, prendra quelques années et deviendra digne, du moins nous l'espérons, de monter aussi sur la scène et d'y jouer son rôle. C'est un petit arbre mis avec soin en pépinière, qui s'y développe tout doucement et qui bientôt donnera ses fruits. Puissent-ils être du goût des consommateurs tant soit peu difficiles auxquels nous les destinons!

La sœur de Charles faisait toujours partie de la division de Vieille-Vigne, dont un nommé Bertrand, courtisan de Charette, avait pris le commandement après la mort de Vrigneau. Cette division fut un jour assemblée. On y fit connaître deux choses : la première, que la Convention venait de rendre un décret par lequel toutes les communes insurgées seraient brûlées, les vieillards, les femmes et les enfans emmenés dans l'intérieur de la France, et tous les autres mis à mort comme rebelles ; la seconde, qu'une garnison républicaine ayant été contrainte de capituler à Mayence, et ne pouvant plus, aux termes de sa capitulation, servir contre les puissances coalisées, allait paraître dans le pays. Il n'y avait rien là de fort encourageant. Frère Magloire prêcha : il parla des devoirs du catholique, montra la sainte-mère Église éplorée en appelant au courage de ses enfans; il cita la Bible, promit le paradis, fut emphatique, barbare et absurde; il fit passer dans l'âme des malheureux paysans toute la fureur fanatique qui était dans a sienne. On courut à Legé où Charette convoquait toute l'armée.

Laurentine s'aperçut en route que Bertrand la regardait beaucoup : cela l'inquiéta. A Legé, elle devint l'héroïne d'une scène qui le lui fit comprendre. Quand le général, en faisant la revue

CHAPITRE VII.

de ses forces, passa devant la division de Vieille-Vigne, il marcha droit à elle, et lui offrant la main avec galanterie:

—Eh quoi! simple soldat, lui dit-il; et il a fallu qu'on vous devinât; vous n'avez même pas souhaité de vous faire connaître!

En parlant ainsi, il la présenta au nombreux état-major qui l'accompagnait et où se trouvait mesdames de Bauglie, de La Rochefoucauld et d'Ar***.

—Voilà, dit-il, une modestie et un dévouement dignes des plus grands éloges.

Il nomma Laurentine, qui fut à l'instant regardée, entourée, accablée de complimens et de félicitations, et qui se trouva très-embarrassée de sa contenance et de toute sa personne.

VIII.

Continuation.

CHARETTE faisait-il acte de bonne foi, ce qui n'était guère croyable, ou avait-il pénétré les desseins de Laurentine, et s'arrangeait-il pour les rendre inexécutables? Voilà ce que la jeune fille ne put jamais éclaircir. Il lui donna le grade d'officier, et la retint auprès de lui.

— Il n'y a rien à changer à votre costume, lui dit-il, que l'étoffe qui est trop grossière, et la forme du chapeau; car, ajouta-t-il avec une certaine affectation, le bord en est trop large; il ne faut pas ombrager ainsi ce qui se montrerait si avantageusement à la face du soleil.

Cette impertinence qui visait à être fadement galante, causa du dégoût à Laurentine.

— Je suis venue ici, répondit-elle rudement, pour accomplir une œuvre de force et de justice : il ne doit s'y mêler ni soins puérils, ni imbécille pré-

-tention de femme. Sachez que je n'ai conservé de mon sexe que ce qui l'élève au-dessus du vôtre : l'abnégation absolue de moi-même pour une pensée qui me domine, et à laquelle il n'y a rien que je ne sois prête à sacrifier.

— Vraiment, dit madame de Bauglie, qui ne put s'empêcher de rire, voici une véritable Judith; et si l'on nous envoie quelque Holopherne, comme cela ne m'en a que trop l'air, nous pourrons l'employer avec avantage.

Charette se tourna vivement vers Laurentine comme pour voir l'effet de ce mot imprévu et si remarquable en cette circonstance; elle ne laissa rien paraître qui pût servir d'indice contre elle ni de certitude à son ennemi.

CHAPITRE VIII.

Il fallut s'occuper d'autres soins. On fut bientôt attaqué par les redoutables Mayençais. On ne put pas tenir une heure devant eux. On se sauva jusqu'à Montaigu, où le général eut encore une affaire domestique assez désagréable. Il trouva dans la ville le vieux M. d'Ar*** et les deux frères de sa femme. La dame changea de commandant, comme elle le dit plaisamment elle-même. Un des deux jeunes gens provoqua Charette. Laurentine ne sut pas dans quels termes; mais elle entendit celui-ci répondre : — Monsieur, quoiqu'un général à qui tient le salut de toute une armée, soit dispensé de certains devoirs minutieux qui sont obligatoires pour les autres hommes, je vous ferai cependant l'honneur que vous réclamez; mais vous aurez, s'il vous plaît, la bonté d'attendre que la victoire ait favorisé mes armes, et m'ait rendu un peu de loisir.

Les deux frères demandèrent à combattre sous ses ordres pour être plus à portée de le défendre. — Car, lui dit l'aîné, nous avons intérêt à ce que vous ne périssiez pas de la main de l'ennemi.

Cet ennemi ne tarda pas à paraître, balayant devant lui toutes les forces, toutes les populations du pays qu'avait occupé Charette, incendiant jusqu'aux arbres et à l'herbe des champs. Il fallut encore lui céder Montaigu et Clisson, et se retirer dans le plus grand désordre à Tiffanges. Là les affaires du général parurent se rétablir. Il avait, dès sa retraite de Legé, imploré avec instance des secours de la grande armée d'Anjou. L'envie, qui au milieu de ces misères, avait pourtant trouvé place parmi ceux qui en étaient les auteurs, l'envie avait rendu sourdes les oreilles auxquelles il avait tenté de se faire entendre. Elles s'ouvrirent au bruit de tant de désastres. « On sentit, dit un historien que nous avons déjà cité, que le sort de la Vendée dépendait de ce moment. » En effet, les secours arrivèrent de toutes parts. Laurentine fut émerveillée de rencontrer là sa sœur et son beau-frère dont elle ignorait le sort depuis qu'elle était entrée à Nantes. Madame de Bretignolles était toujours dans la désolation : elle avait entièrement perdu les traces de son enfant. Elle ne désespérait cependant pas de le retrouver; mais c'était cet espoir du malheur qui ne console pas, et qui empêche seulement qu'on ne meure le blasphème à la bouche. Le marquis était affligé aussi; mais il portait sa douleur avec beaucoup plus de résignation et de philosophie.

— Je m'sui attaché à l'armée d'Anjou, à la grande armée, dit-il à Laurentine; la vôtre, à beaucoup près, n'est pâ aussi considérée.

— En Anjou, peut-être; car je vous assure qu'à Legé on ne connaît rien au-dessus.

— J'crois ben ça, parbleu ! Mais vous verrez quand l'roi s'ra r'monté su l'trône quée différence on en f'ra. Puisque vous aimez l'fer et la poud'e, à l'instar de plusieurs belles dames de chez nous, que l'diab'e m'emporte! je n'conçois pas pourquoi, p'tite sœur, ne viendriez-vous pas d'not'e côté? J'ai un poste: j'vous protégerais, j'vous f'rais mett'e dans les rappor' et les procès-verbaux.

— Quel est donc ce poste, mon cher frère?

— C'est rien comme produit; une chose pur'ment honorifique. Mais qu'est-ce que j'veux, moi? êt'e utile, v'là tout: les récompens' arriveront pus tard. Vous n'avez pâ idée des services que j'rends. J'suis directeur-général de toutes les ambulances de l'armée royale. Ça équivau au grade de maréchal-de-camp.

On attendait l'ennemi par la route de Clisson; tout à coup, on apprit qu'il marchait sur Torfou. On porta aussitôt des forces considérables sur les hauteurs, elles n'y purent tenir. Kléber commandait l'avant-garde, entièrement composée de Mayençais, parmi lesquels cependant se trouvait Charles, avec vingt hommes de sa compagnie. Mais ces braves n'étaient qu'au nombre de deux mille; et plus de quarante mille insurgés se présentèrent devant eux, les débordant de tous côtés, et les incommodant par un feu très-vif et très-nourri. Ils tinrent cinq heures néanmoins, et n'abandonnèrent le champ de bataille que parce qu'un bataillon mis en mouvement pour protéger leur artillerie engagée dans un défilé, opéra ce mouvement avec trop de précipitation. On crut qu'il se retirait, et l'on imita son exemple. Les Vendéens, plus portés encore à donner dans cette erreur, en firent une réalité. Ils s'avancèrent avec l'audace que donne naturellement la certitude de la victoire ; ils poussaient d'horribles cris, et se précipitèrent sur leur ennemi comme un torrent débordé. D'abord, Kléber, couvert de blessures, soutenu par Charles et par deux grenadiers, rallia ses gens, qui parvinrent même à dégager leur artillerie. Ils cédèrent le terrain en bon ordre, jusqu'à ce qu'étant arrivés sur une hauteur, près de Gétigné, à trois lieues de Torfou, ils se réunirent en ligne et livrèrent à ceux qui se flattaient de les avoir vaincus, un combat qui leur fit comprendre cruellement combien ils se méprenaient. Un renfort considérable qui leur vint de Clisson, leur rendit même l'offensive ; et l'armée catholique fut obligée à son tour de montrer les gibernes, et de reprendre au pas de course le chemin de Tiffanges. Laurentine se crut un instant maîtresse de Charette. Pour protéger la retraite des siens, il s'était retourné sur l'ennemi, suivi seulement de deux cavaliers : elle en était un. Elle saisit la bride de son cheval, et allait l'entraîner vers les républicains. Il n'avait pas eu le temps de reconnaître sa mauvaise intention, que ce cheval, atteint d'un biscaïen au milieu de la poitrine, se cabra et le renversa sous lui en tombant. Cependant une dixaine de hussards accouraient à bride abattue, et la prise du général paraissait infaillible. Il se fit un miracle; Charette se dégage, et plaçant un pied sur le flanc de son cheval mort, il s'élance avec une adresse et une légéreté admirables, en croupe sur celui de Laurentine. Non moins douée de présence d'esprit que lui-même, elle comprend aussitôt ce qu'il lui reste à faire. Elle pique des deux, et court à tout risque au-devant des hussards.—Que faites-vous? lui crie-t-il, en se jetant sur la bride, au-dessous de l'endroit où elle la tenait, la frayeur vous trouble l'esprit; vous nous perdez. Puis, rabattant en même temps vers les siens qui revenaient en nombre, il évita un péril qui avait paru deux fois inévitable dans l'espace de moins d'une minute.

Il adressa de vifs remercîmens à Laurentine. Étaient-ils sincères? Elle eut peine à se le persuader. En tout cas elle sut empêcher sa confusion de la trahir.

Le soir, la jeune fille fut témoin d'un affreux spectacle : le massacre des prisonniers avec d'horribles raffinemens de cruauté. Cette guerre criminelle devait marquer tous ses progrès par le crime.

Cependant un jeune général dont Kléber n'était que le lieutenant, Beysser, était à Montaigu; il s'y laissa surprendre, et essuya une défaite sanglante et honteuse. Les Mayençais furent obligés de courir à son secours, et de se retirer avec lui jusqu'à Nantes. Charette pouvait respirer. Laurentine craignit qu'il ne fût dérobé à sa vengeance par celle des jeunes Duchaff... Ces deux jeunes gens ne reparurent pas, et jamais, depuis, personne n'entendit parler d'eux.

Enflée de ces succès fortuits et éphémères, la grande armée ne parla que de passer la Loire, de faire soulever la Normandie, et de marcher sur Paris. Elle voyait déjà la République renversée, le trône rétabli, et tout le bonheur qui devait s'ensuivre pour la France. C'était un délire. Laurentine craignit que le plan qu'elle avait formé avec son frère n'en fût déconcerté. Par ce sentiment de jalousie dont nous avons déjà parlé, Charette blâma le dessein de ses amis, et se retira à Legé, suivi de toutes ses divisions. M. de Bretignolles fit de nouvelles instances auprès de Laurentine pour l'engager à venir avec lui à Mortagne; elle le remercia et rentra dans le Marais.

Quand elle n'aurait pas eu ses raisons personnelles pour agir ainsi, l'événement ne tarda pas à la justifier de ce parti. La grande armée, battue sur tous les points, fut bientôt obligée de faire par mesure de sûreté ce qu'elle avait annoncé par esprit de forfanterie et de jactance. Elle passa la Loire, se dirigeant sur Granville, pour se mettre en rapport avec l'Angleterre. M. et madame de Bretignolles suivirent, celle-ci s'éloignant avec une douleur inexprimable du pays où elle ne pouvait se figurer que son enfant ne fût pas demeuré.

Cette sympathie pour l'Angleterre, qui engageait la grande armée à courir chercher à travers mille périls un poste sur l'Océan, inspira un dessein semblable à Charette : il résolut de s'emparer de l'île de Noirmoutiers. Il en fit part à ses principaux officiers, et Laurentine en fit aussitôt informer son frère par Rabillé que son état de démence apparente mettait à l'abri du soupçon, et qui, dans la vérité, ne savait pas bien précisément qu'il commettait un acte de trahison.

CHAPITRE VIII.

Charles fit ses dispositions.

Charette se transporta à Bouin, où il rassembla ses forces.

L'île de Noirmoutiers est séparée de la terre-ferme par un bas-fonds d'une lieue de large à peu près, nommé le Goi. Ce banc peut se traverser aisément à pied par la marée basse; mais au flux il se couvre de plusieurs brasses d'eau qui forment un courant extrêmement rapide. Ce fut par-là que Charette se proposa d'avancer. L'entreprise offrait les plus grands périls. La côte était gardée avec vigilance : on ne pouvait tenter le passage que la nuit. Si l'on était découvert, il paraissait peu probable qu'on ne fût pas repoussé vigoureusement; et si l'on avait le malheur d'être surpris par la marée, on trouvait une mort certaine dans les flots. Charette ne se dissimulait point ce que ces dangers avaient de redoutable. Pour en dissimuler les chances, il commença à pratiquer des intelligences dans Barbastre, petite ville de l'île très rapprochée du Goi. Parmi ceux des habitans sur lesquels il crut pouvoir compter, il s'en trouva un que Laurentine connaissait, et auquel elle donna, comme de la part de Charette, un supplément d'instructions.

On choisit une nuit sans lune, et l'on arriva sur le bord du Goi à onze heures. La mer était calme; on n'entendait que le bruit monotone de la vague qui venait s'abattre mollement et avec une sorte de cadence sur la rive sablonneuse. On entra dans ce vide noir, et qui paraît sans fin, avec la précaution de ne faire aucun bruit, de ne proférer aucune parole. Le général marchait en tête, un pistolet à deux coups dans chaque main. Il n'avait pas encore atteint le milieu du passage : onze heures sonnent à l'horloge de la paroisse de Barbastre; et aussitôt un coup de canon est tiré du fort. La queue de la colonne entrait à cet instant dans le Goi. On s'arrête, on cherche, malgré la profonde obscurité à lire dans le regard les uns des autres. Le silence semble redoubler; il prend une signification qui pourrait se traduire ainsi : « Qu'est-ce que cela? On n'était pas convenu de cela ». On se croit trahi. D'un mouvement spontané la colonne fait volte-face : ce qui était la tête est devenu la queue, qui à son tour devient la tête; et chacun marche devant soi. L'expédition est manquée.

On présume bien que Laurentine et son frère ne sont pas étrangers à cet incident.

A la première nouvelle du projet de Charette, le jeune homme passa dans l'île : la moitié seulement de sa compagnie le suivit; l'autre s'arrêta à la ci-devant abbaye de Chauvet, sous la conduite d'un lieutenant. Rabillé, qui avait servi de messager à Laurentine, lui rapporta pour toute réponse un petit volume de la Vie des Saints, lequel portait au frontispice les chiffres 6 et 9 en encre rouge. Cela voulait dire de prendre dans la sixième ligne de chaque page toute neuvième lettre marquée d'un point rouge; de les mettre dans leur ordre sur le papier, et de s'attacher au sens des mots qui s'en trouveraient formés. Laurentine s'enferma, fit soigneusement ce minutieux travail. En voici le résultat :

« Il y a, parmi les traîtres de Barb., deux canonniers dont l'un est à nous. Ils ont ordre d'enclouer les pièces du fort à l'heure de leur faction, qui est celle de l'entrée de Ch. dans le Goi. On vous laissera avancer. Alors notre homme, au lieu d'enclouer les canons, en tirera un. Cela donnera l'éveil à la garnison : la générale battra ; la terreur se mettra parmi les vôtres. Je serai sur le bord avec mes braves qui se seront tenus couchés à terre, ainsi que moi, jusqu'à ce signal. Trouvez-vous proche de notre ennemi pour le désigner sûrement. S'il est en tête, c'est moi qui le prendrai, car dans le désordre personne ne s'avisera de le défendre ; s'il ferme la marche, il tombera entre les mains de mon lieutenant qui l'aura suivi dans l'ombre et d'assez près pour ne le pas manquer. »

Le plan était bien conçu. La troupe de Charette se sentant entre deux feux, et ne pouvant, dans la profonde obscurité, apprécier le nombre de ses ennemis, se serait fort probablement mise à la débandade et l'eût laissé à son malheur : la précipitation du canonnier fit tout manquer. Charles s'avança dans le Goi, mais en vain, car ne cherchant point un combat, il ne poursuivit point les Vendéens; son lieutenant eut, en s'approchant, une sorte de sentiment de la méprise. Personne d'ailleurs ne lui désignant le général, il comprit qu'il devait être à l'autre extrémité de la colonne, et ne se hasarda pas pour rien. L'obscurité le favorisant, il fit même sa retraite en vue des gens de Charette qui le crurent des leurs.

Le chef vendéen s'y prit mieux une autre fois, ou il eut plus de bonheur : il réussit enfin à s'emparer de l'île.

Il profita de cet avantage pour envoyer à Londres : avant le retour de ses négociations, il avait perdu sa conquête.

Cependant l'armée d'Anjou avait passé la Loire, et Charette se trouvant seul dans le pays, qui eût été nécessairement pacifié sans sa présence, continua cette guerre abominable avec plus d'éclat que jamais. Souvent battu, quelquefois vainqueur, sans cesse exposé à l'activité d'ennemis avoués et secrets dont Charles et Laurentine n'étaient pas les moins redoutables, il se couvrit de gloire ; du moins il se fit une grande réputation; et il réduisit au désespoir tout ce qui avait intérêt à sa perte.

Les paysans fatigués de tant de maux qu'ils ne pouvaient plus supporter, sans cesse conduits par lui à de nouveaux périls qu'ils reconnaissaient enfin n'avoir, même pour l'avenir, aucun résultat qui leur pût être avantageux; les paysans commencèrent à ne plus répondre à ses appels. Ils le laissèrent à une vie vagabonde qui était plutôt celle d'un brigand que d'un homme de guerre. Cette circonstance, que remarquèrent avec la sagacité de leur haine Charles et Laurentine, commença à leur rendre l'espoir.

Mais une révolution s'étant faite dans la Convention, des intrigans réactionnaires avaient succédé à ceux qu'ils

CHAPITRE VIII.

nommaient des buveurs de sang. Ces intrigans commencèrent à parler de modération. Pour flatter l'esprit royaliste qu'ils avaient réveillé, et qui commençait à devenir une mode, ils voulurent, avec la Vendée vaincue et rendue, une pacification qui ne fût pas le fruit de la victoire : la victoire était trop républicaine. On capitula, on traita.

Charette, profitant de ces dispositions, fit le fier : il voulut traiter de puissance à puissance avec le comité de salut public ; il demanda de l'argent, des sommes considérables pour lui et pour ses officiers : on accorda tout. On voulait la paix à tout prix. On l'acheta même des Chouans.

« Des demandes impérieuses d'un
» côté, dit Lebouvier-des-Mortiers,
» des promesses de l'autre, furent le

» résultat des premières entrevues.
». Charette voulait le rétablissement
» de la monarchie; les commissaires
» pacificateurs faisaient entendre qu'on
» ne pouvait en faire mention dans le
» traité, parce qu'il était nécessaire
» de disposer les esprits à un événe-
» ment que la situation politique de
» l'Europe, le déchirement des partis,
» le mécontentement de l'armée et la
» lassitude générale *amèneraient in-*
» *failliblement.* »

On lit dans le même auteur, quelques lignes plus loin :

« Satisfaite de sa soumission *appa-*
» *rente* aux lois de la République, elle
» (la Convention d'alors) y dérogeait
» elle-même, en laissant aux Vendéens
» le libre et paisible exercice du culte
» catholique, en souffrant qu'ils res-

» tassent armés, en payant aux frais
» du Trésor public une garde territo-
» riale pour la sûreté du pays, en ac-
» quittant *les frais de la guerre* jus-
» qu'à la concurrence de deux mil-
» lions. »

Plus loin encore :

« Le 15 de février (1795), les com-
» missaires (1) escortés d'une troupe
» nombreuse, cavalerie et infanterie,
» se rendirent à la Jaulnais. Charette,
» accompagné de sa cavalerie, de ses
» principaux officiers et de ceux de
» l'armée du centre, s'y était rendu
» le premier. De part et d'autre les
» troupes se retirèrent à l'écart, et on
» ne laissa qu'un poste de garde.... On

---

(1) Delaunay, Ruelle et Bollet.

» sent combien la mission des envoyés
» pacificateurs et la pacification de la
» Jaulnais *durent causer d'étonne-*
» *ment* et inspirer de l'orgueil aux
» Vendéens.... Ils vont traiter avec la
» République, dont les armes ont ré-
» sisté à toutes les puissances coali-
» sées.

» Lorsque Charette entra sous la
» tente où les représentans étaient
» déjà placés : Citoyens, leur dit-il,
» m'appelez-vous ici pour la paix ou
» pour une amnistie? Nous venons,
» lui répondit l'un d'eux, pour réunir
» des Français qui n'auraient jamais
» dû être divisés.

» On entama les conférences, et le
» troisième jour, 17 février, le traité
» fut conclu et signé. La veille il fai-
» sait beaucoup de pluie; le général

CHAPITRE VIII.

» Canclaux était à la tête de sa troupe.
» Charette, par égard pour ce vieux
» militaire, proposa aux représentans
» de le faire entrer sous la tente. Il fut
» admis, et Charette alla au-devant
» de lui pour l'embrasser. Est-ce un
» républicain que j'embrasse? lui de-
» manda le général Canclaux. *On n'a*
» *pas su la réponse de Charette.* »

Charles et Laurentine furent témoins de toute cette négociation. La jeune fille en conçut un chagrin difficile à se figurer pour quiconque n'a pas un cœur haineux comme le sien.

Elle en ressentit bien un autre quelques jours après.

Les représentans avaient exigé que Charette parût à Nantes. Il y fit une entrée triomphale à la tête de son état-major, escorté des généraux républicains à cheval, de la garde nationale et des représentans dans deux riches voitures magnifiquement attelées et surmontées du bonnet de la liberté. Le général vendéen, dans son costume pittoresque, attira les regards et les acclamations de la population qui se pressait en foule sur son passage, et des plus jolies femmes de la ville, placées aux fenêtres, et curieuses de voir celui qui n'était pas moins renommé pour sa galanterie que pour sa bravoure. Il répondait à tous par des salutations chevaleresques, pleines de grâce et de dignité. Il fut complimenté par le corps municipal, assista à un grand dîner et au spectacle. Il fut partout accueilli avec les mêmes transports et le même enthousiasme.

Il n'y avait rien en cet homme qu'un

penchant, devenu insurmontable, pour l'existence aventureuse d'un chef de brigands : peu de temps après il releva l'étendard de la révolte.

Laurentine, qui s'était retirée accablée d'ennuis, chez son oncle le curé de la Coupechanière, en reçut l'avis avec des transports de joie inexprimables. Elle pressentit que cette fois son ennemi ne lui échapperait pas.

IX.

Feu !

L'expédition d'outre-Loire avait entièrement ruiné la grande armée vendéenne. Le choc des Mayençais commença ce grand désastre qui fut entièrement consommé au retour de Granville, sous les murs du Mans. Quelques jeunes gens parmi lesquels se trouvaient le prince de Talmont et le curé de Saint-Laud, avaient essayé de s'embarquer au Mont-Saint-Michel, et de gagner Jernesey sur un bateau de pêcheur. Le bruit s'en répandit aussitôt et causa une indignation générale. Stofflet fit courir après les déserteurs, et donna ordre de les ramener morts ou vifs. On les ramena : cela ne fut guère utile à la cause. Le malheureux Talmont périt peu de temps après sur l'échafaud. Pour l'abbé Bernier, il s'attacha à ce même Stofflet comme son mauvais génie, et lui donna des conseils qui finirent par le faire fusiller.

M. de Bretignolles qui avait assez vu de cette guerre pour l'utilité qu'il en voulait tirer, fut celui qui découvrit le pêcheur du Mont-Saint-Michel, et qui fit marché avec lui pour la traversée de Jersey. Il fut plus heureux que le prince de Talmont, sans doute parce qu'il n'avait pas tout-à-fait la même importance : il monta sur la barque avec sa femme, et arriva sain et sauf au lieu désiré. La marquise déplorait toujours la perte de son enfant; mais les longues horreurs dont elle venait d'être témoin l'engageaient à la résignation, et lui laissaient peu de regrets sur le misérable séjour qu'elle venait d'abandonner.

Charette n'ayant pas tiré de la pacification tout le fruit qu'il en avait attendu, prêta l'oreille à des propositions qui lui furent faites de la part de l'Angleterre. Son parent, le vicomte de la

Merlatière vient un jour le trouver et lui apprendre que les Chouans, pacifiés comme lui, amnistiés comme lui, avaient repris les armes : cela le piqua d'honneur. Il répandit des proclamations, convoqua les anciens officiers, intrigua, et parvint à refaire une espèce d'armée. Mais les temps étaient changés : les peuples qui, après de si affreux désastres, commençaient à jouir des douceurs de la paix, ne se prêtaient plus à seconder des intérêts si éloignés des leurs; on ne parvenait plus à réunir les hommes que par la menace et la contrainte. On était battu partout. Cependant la présence d'un prince du sang à l'Ile-Dieu, les préparatifs d'un débarquement considérable, hautement annoncé par l'Angleterre, séduisirent encore quelques esprits, et semblèrent un moment réveiller l'ancienne énergie.

Un officier supérieur de la marine anglaise parut un jour en vue de la côte. Il fit savoir à Charette qu'il avait à sa disposition des armes, des munitions et de l'argent. De l'argent! Ce mot fut bientôt dans toutes les bouches : il fit plus d'effet que le tocsin. Le général se vit une armée en quelques heures. Il la dirigea aussitôt entre Saint-Jean-de-Mons et Saint-Gilles, lieu convenu pour le débarquement.

On pense que Charles et Laurentine étaient à leur poste.

Trois ou quatre cents hommes de la garnison de Saint-Gilles s'avancent pour s'opposer aux révoltés; ils sont reçus par une vigoureuse décharge de mousqueterie, et par l'artillerie de deux lougres anglais qui contenaient la bienheureuse cargaison. La moitié tombe sur le champ de bataille; le reste se retire en désordre. Le débarquement s'opère aussitôt; et les Vendéens voient mettre à leur disposition quarante milliers de poudre, deux pièces de canon, six mille fusils, des sabres, des pistolets, des souliers, des bas, des chemises... et des uniformes rouges! Oui, l'uniforme de l'armée anglaise à ceux qui se disaient les soldats du roi de France! Il faut se hâter de dire, à l'honneur des Vendéens, que cette insulte fut reçue comme elle le méritait; les habits anglais restèrent sur la grève : Charette ne put décider un seul paysan à s'en revêtir. Ils prirent cependant les fusils et les cartouches. Mais la moralité de leur dévouement avait reçu une atteinte à leur propre sens : ils comprirent qu'ils n'étaient appelés à rien de grand.

Ils avaient d'ailleurs affaire à un ennemi comme ils n'en avaient pas encore combattu. Hoche, sans cruauté, sans mesures barbares, instruit par l'expérience des temps passés, montra comme on pouvait attaquer et réduire cette nouvelle sédition plus insensée que la première. Il débuta par une proclamation, dans laquelle il engageait les paysans à mettre bas les armes et à livrer Charette, l'unique auteur de tous leurs maux. « Ne fuyez plus, leur disait-il, rétablissez vos chaumières; priez Dieu, et labourez vos champs. » Ce langage paternel frappait l'esprit de ces hommes simples, et y portait la lumière de la vérité.

Une autre cause produisait encore un effet analogue : Stofflet, qui était dans le pays, ne reprenait point les armes.

C'était le curé de Saint-Laud qui l'en empêchait. L'ambitieux avait eu quelques conférences avec le général en chef, et il en avait reçu cette mission qui devait plus tard avoir sa récompense (1). Charette se désespérait. Une des raisons qui déterminait Stofflet à l'inaction, et bien plus puissamment sans doute que les conseils de l'abbé Bernier, c'est que le marquis de Rivière avait apporté, de la part de Louis XVIII, le cordon rouge à Cha-

---

(1) Le curé de Saint-Laud mourut évêque d'Orléans. Il avait élevé ses pensées jusqu'au cardinalat.

rette, avec le brevet de lieutenant-général; et à lui Stofflet, rien.

On ne tarda pas à reconnaître la faute; et le chevalier de Colbert, dont Stofflet était le garde-chasse avant la première insurrection, MM. de la Feronnière, de Châtillon et de Bourmont, vinrent le trouver, en lui promettant qu'il serait traité comme son rival. Il ne voulut entendre à rien. Ce fut encore l'abbé Bernier qui le décida à reprendre les armes. Ce fourbe ne voyant pas ses services assez prisés par les généraux républicains, résolut de leur donner plus d'importance en montrant celle des embarras que jusqu'à ce jour il avait comprimés. Il fit comprendre au garde-chasse que, bien qu'il eût des droits à passer avant Charette, il fallait cependant accorder quelque chose à la qualité; qu'il était beau après tout d'être décoré du cordon rouge et d'être général par brevet. Il lui donna en même temps un manifeste à signer. Le faible Stofflet se laissa persuader, et il recommença la guerre. Quinze jours après il était pris et fusillé.

Charette commença à sentir que sa position n'était pas tenable. Abandonné de la majorité des paysans dont l'enthousiasme pour la guerre civile était entièrement refroidi, il songea sérieusement à ployer son drapeau et à gagner la Suisse ou l'Angleterre. Hoche lui avait, depuis quelques jours, fait proposer des passeports et de l'argent: il résolut d'accepter ces offres. Il écrivit à ce sujet au curé de Mormaison qui lui était désigné comme intermédiaire par le général républicain. Il eut une malheureuse idée : il confia sa lettre à Rabillé, et celui-ci la remit à Laurentine. Elle vit que sa vengeance allait lui échapper : la lettre fut supprimée.

Cependant Charette continuait à rester en armes.

Un officier général jeune et d'une bravoure éprouvée (1) fut envoyé contre lui. Il le rencontra près du village de la Bégaudière, à la tête de deux cents cavaliers. Le jeune républicain n'en avait que quatre-vingts; il n'hésita cependant pas à attaquer. Charette fit d'abord bonne contenance; mais il lui fallut céder à l'impétuosité de

---

(1) Probablement le général Travot, alors adjudant-général.

son ennemi. Il gagna une hauteur où, après l'effort qui venait d'être fait, on ne jugea pas qu'il fût prudent de le poursuivre. Il fit halte un moment, et vit l'escadron républicain se rallier et s'éloigner au pas. Laurentine l'avait quitté pendant l'action sans qu'il s'en aperçût. Elle était revenue quand il descendit la colline, se dirigeant vers l'Ebergement. On n'eut pas fait cent pas, qu'elle se mit à crier : « Voilà les bleus ! » En effet, Charles parut à la tête de sa compagnie. Il s'avançait à la baïonnette, recommandant aux siens d'épargner le général et de le prendre vivant.

— Oui, vivant, vivant ! s'écria Laurentine qui le voyait enfin en son pouvoir.

Il la regarda avec indignation : « Je m'en doutais, » lui dit-il.

Les cavaliers étaient dans un chemin creux, dont les côtés, tranchés à pic, présentaient une hauteur de quatre à cinq pieds. L'attaque de Charles avait été cette fois si bien calculée, qu'il semblait impossible que son ennemi lui échappât. Toujours heureusement inspiré dans les dangers les plus imminens, Charette se lève debout sur la selle de son cheval, s'élance sur l'une de ces hauteurs latérales, et fuit à toutes jambes à travers la campagne. L'ordre de ne pas tirer sur lui ne contribua pas moins que son agilité et son sang-froid à le tirer de ce pas périlleux.

Il erra seul tout le reste du jour, se croyant sans cesse poursuivi, et trouvant dans tous les yeux des regards ennemis et perfides. Il arriva sur le soir à la Coupechanière. Un homme qui paraissait déguisé, et soigneux de ne point laisser connaître ce qu'il était, demandait à un paysan la demeure du curé Guesdon. Charette s'approcha. — Suivez-moi, lui dit-il, c'est chez lui que je me rends moi-même; je vais vous y conduire. L'étranger le suivit en effet. Chemin faisant, il laissa échapper qu'il était porteur d'une lettre pour le curé. Le général demanda à la voir. Sur le refus du messager, il mit la main sur un de ses pistolets, et menaça de lui brûler la cervelle. La lettre lui fut aussitôt livrée: elle était du général Gratien, et prouvait une sorte de connivence entre le presbytère et les cantonnemens républicains. Chacun était désireux de conserver la paix, et ne voyait dans Charette qu'un ennemi public. Furieux comme le sanglier que harcèlent les chasseurs et les chiens, il court et frappe avec violence à la porte du curé. Malheureusement pour celui-ci ses domestiques étaient éloignés. Il vient et ouvre lui-même. Charette le saisit d'une main frémissante de colère. — Connais-tu ceci? lui demande-t-il d'une voix formidable, en lui mettant devant les yeux la lettre du général républicain. Le pauvre M. Guesdon, effrayé, fait un pas en arrière, et répond d'une voix tremblante qu'il ne sait ce qu'on veut lui dire. Charette alors lui reproche d'être un traître, de vouloir le livrer à ses ennemis, et de trahir la cause du roi. Puis, tout à coup, comme éclairé d'une lumière sinistre :

— Mais je me rappelle !... s'écrie-t-il,

vous êtes parent de la jeune Laurentine du Bard!

—Je suis.... son oncle.

— C'est cela. Ah! race de serpens! Mais je vous écraserai tous sans pitié, vils et hideux reptiles que vous êtes! Curé, ajouta-t-il avec un horrible sang-froid, un bon prêtre comme vous, à quelque instant qu'on le prenne, doit être pur de péchés mortels. Vite, un *peccavi*, un *miserere*, *Deus*.

— Quoi! que voulez-vous? Général, ne vous laissez pas séduire à de trompeuses apparences. N'écoutez pas le premier mouvement de votre colère.

—Ah, ah! tu me ferais tout un sermon sur ce texte, je crois, si j'y voulais entendre. Allons, dépêchons.

— Ah! soyez clément, soyez généreux.

— Avec un traître! bonne duperie! Allons, un mot de contrition, d'amende honorable; je suis pressé.

— Cher M. Charette!...

— Tu ne veux pas! à toi seul donc la responsabilité. Va au ciel, va au diable, c'est ton affaire, ce n'est plus la mienne.

A ces mots, il lui tira un pistolet à bout portant au milieu du visage, et l'étendit raide à ses pieds (1).

---

(1) Le Bouvier prétend que ce furent des soldats de Charette qui assassinèrent le curé Guesdon; mais le rapport de l'adjudant-général Travot au général Hoche dit en propres termes que ce fut Charette lui-même. (Voyez le Moniteur du 6 germinal an IV.)

CHAPITRE IX. 207

Une partie des habitans avait été attirée à la porte du presbytère par la querelle; il passa au milieu d'eux d'un air provoquant, après l'action qui la termina. Tous les yeux trahirent l'horreur dont les cœurs étaient glacés.

En proie à un trouble d'esprit facile à concevoir, il se retira dans la forêt du Gralar. Il n'y fut pas long-temps en repos. Charles et Laurentine, qui s'étaient mis sur ses traces après un combat de peu de durée contre ses cavaliers, vinrent le poursuivre dans cette retraite. Le jour avait disparu; il ne put les reconnaître, mais il se douta bien que ce n'était pas à des amis qu'il avait affaire. Il essaya de se dérober au péril à la faveur de l'obscurité. Après quelques instans d'une marche furtive et dirigée par celle des gens qu'il avait en tête, il se trouva sur la lisière de la forêt, dans le voisinage du Bard. Le vent dont il avait jusque-là suivi la direction, vint à tourbillonner. On avait pris Pluton en passant à la Coupechanière; l'intelligent animal fit connaître aussitôt que l'ennemi n'était pas loin. Il s'élança, on suivit ses traces, et quand on le rejoignit, on le trouva en arrêt devant Charette, qui, ne voulant pas fuir dans la crainte de se faire déchirer, le tenait en respect en lui présentant la pointe de son sabre. Il le lui plongea tout entier dans la gorge, et commença à prendre sa course quand il vit le grand nombre d'ennemis qui venaient l'assaillir. Il était très-léger, et courait fort vite. Peut-être, l'obscurité le favorisant, allait-il échapper encore une fois au péril qui le pressait; une branche cassée se trouva sous ses pieds, il trébucha, il tomba, et son sabre lui échappa de la main. C'était dans le voisinage du Bard, à l'endroit même où Laurentine, aidée de Pluton, était venue le secourir quelques années auparavant. « Quoi! là! s'écria-t-elle en le voyant tomber, là! il y a donc une Providence! »

Il se relève le désespoir et la rage dans le cœur. Il fait feu de toutes ses armes, ne réservant qu'un seul pistolet chargé... pour mettre enfin lui-même un terme à ses jours proscrits. Quand son dernier rayon d'espoir est éteint, quand il s'est invinciblement assuré qu'aucun moyen de salut ne lui reste, alors il se fait une triste et dernière joie de celui-là. Ses ennemis du moins ne combleront leurs outrages que sur son cadavre insensible. Le ciel lui enlève jusqu'à cette douloureuse consolation ! Il faut que la vengeance de Laurentine soit complète.

Il se place le canon du pistolet dans l'angle de l'œil, là où, depuis qu'on le força d'accepter le commandement, il s'était dit cent fois qu'il se logerait une balle s'il se voyait menacé de tomber au pouvoir de l'ennemi; sa main est ferme, quoiqu'il y ait beaucoup d'agitation dans son sang. Il presse la détente, la pierre frappe le bassinet; une lumière vive brille dans l'obscurité; l'amorce a pris feu... la charge reste froide et stérile dans le canon : le coup ne part pas. Jamais ce pistolet n'avait manqué. Il le jette loin de lui, et s'adressant à ceux dont il se voit entouré, et qui semblent prêts à l'assaillin : «Point de violence, leur dit-il d'un ton calme; je suis à vous. »

Il se laissa prendre. On l'emmena.

Le jeune officier-général qui l'avait attaqué le matin parut; on le lui remit. Il le conduisit au château de Pont-de-Vic, où il le traita avec tous les égards dus au malheur. On s'aperçut qu'il était légèrement blessé à la tête et à la main. On lui fit donner les secours de l'art; et le lendemain il partit, sous bonne escorte pour Angers, à travers le Marais et le Bocage. De là on le dirigea sur Nantes, par la Loire. Il y avait de lieue en lieue des chaloupes canonnières sur le fleuve; elles tirèrent à son passage.

« Cela n'est pas politique, observa-t-il la première fois; j'ai des amis de ce côté; ils pourraient répondre au signal. »

Personne ne vint. Le comte de Scepeaux, qui commandait les royalistes du pays, ne sut rien de toute l'affaire : du moins il l'assura.

On vit paraître vers la fin du jour, sur la rive droite, un petit corps de Chouans qui crièrent : *Vive le Roi!* à tue-tête. Le vicomte de la Merlatière a déclaré depuis que c'était lui qui commandait l'*expédition*.

Charette arriva à Nantes, le 27 février 1796, vers onze heures du soir. On le conduisit aussitôt à la prison où il se jeta sur le lit qui lui avait été préparé, et s'endormit d'un profond sommeil. Sa nuit cependant fut mauvaise. Il avait souffert en route du froid et de l'humidité; la blessure de sa tête, qui n'était qu'une forte contusion, s'enflamma, devint douloureuse, et lui causa de la fièvre. On vint le prendre le lendemain de bonne heure pour le conduire chez le commandant de la place: c'était un prétexte pour lui faire traverser la ville, et le montrer à ce peuple, aux yeux duquel il avait triomphé si peu de temps auparavant. On l'accabla d'injures et d'imprécations sur toute sa route. Celui avec lequel on avait si cordialement fraternisé, et qui s'était montré si promptement ingrat, méritait cette ignominie. Le peuple est quelquefois cruel, impitoyable; il est rarement injuste. Cette fureur même s'apaisa sensiblement au retour. En traversant le quartier qu'on nomme la Fosse, il prit une faiblesse au prisonnier; on fut obligé de le faire entrer dans une boutique où il ne voulut rien accepter qu'un verre d'eau. A partir de ce moment, il trouva tout silencieux autour de lui. Il parut quelques heures après devant ses juges, et dans la soirée on lui prononça sa sentence de mort.

Laurentine fut présente à tout cela. Mais comme elle avait évité toute société, tout entretien, on ne put savoir quelles impressions elle avait reçues.

L'exécution avait été fixée au lendemain. Charette passa cette dernière nuit avec plus de calme que la précédente. Un vertueux ecclésiastique, M. Guibert, curé de Sainte-Croix, la passa en prières auprès de lui.

Sur le matin, comme il paraissait le

plus profondément enseveli dans les douceurs d'un oublieux sommeil, le bruit des tambours retentit soudain dans les airs.

—Qu'est-ce que cela? s'écrie le Vendéen en s'éveillant brusquement, et en avançant machinalement la main pour saisir ses armes... qu'il n'avait plus.

Le bon M. Guibert se tait et baisse ses regards contristés vers la terre.

—Ah! dit Charette revenant à lui, c'est vrai!.. j'étais ailleurs.

Il se hâta de se lever, et mit quelque soin à sa toilette.

La garnison, la garde nationale, tous les généraux entourés de leurs états-majors l'attendaient sur la place. Une foule immense, composée des habitans de la ville et d'une multitude d'étrangers, garnissaient les rues, les fenêtres, les toits des maisons devant lesquelles il devait passer. La curiosité, l'impatience se lisaient dans tous les yeux. Tout à coup le mot si plein d'émotion, si électrique parmi la foule, se fit entendre :

« Le voilà ! »

Et cent mille bouches murmurèrent : « le voilà ! »

On tend le cou, on se hausse sur la pointe des pieds. Ce bruit sourd, étendu, vague ; cette agitation simultanée de tant de milliers d'hommes, présentent l'image d'une tempête au moment où les flots se calment, ou mieux encore, quand elle commence, et que tous les cœurs palpitent, à l'idée des maux inconnus qu'elle recèle.

Enfin Charette paraît; il descend les degrés du palais, accompagné de son confesseur qui lui récite le *Miserere*. Sa démarche est à la fois ferme, imposante et modeste.

Une voix sort de la foule:

« Chevalier de la Contrie, je te dois mes malheurs, tu me dois le tien. Pardonne-moi, et que le ciel te prenne en grâce! bientôt nous serons tout-à-fait quittes. »

Charette relève la tête; il cherche des yeux la personne qui a prononcé ces mots. Il la voit, lui fait un signe d'adieu, et continue sa marche.

Parvenu à la place des Agriculteurs,

lieu marqué pour son exécution, il trouve la troupe formée en un vaste demi-cercle, au centre duquel se placèrent les officiers-généraux. Un profond silence régnait parmi les spectateurs. Un adjudant vint indiquer au patient le lieu où il devait se mettre, et qui était exprès marqué dans l'isolement. Il tira un mouchoir pour lui bander les yeux, Charette le repoussa.

— Si c'est une humiliation qu'on veut m'imposer, dit-il, je suis prêt à l'accepter; si c'est une marque d'humanité que veulent bien me donner mes généreux ennemis, elle les honore, et je les en remercie. Mais qu'ils ne donnent pas à croire que celui qui les a tant de fois combattus avec courage, ne puisse pas regarder un moment la mort en face.

L'adjudant se retira.

Pendant ce petit débat, le piquet préposé à l'exécution avait pris sa place.

Charette se tournant vers le curé de Sainte-Croix qui était demeuré auprès de lui :

— Voici l'instant de nous séparer, monsieur, lui dit-il. Je ne puis que vous remercier de vos soins. Embrassons-nous, et priez pour moi.

Le digne ecclésiastique se retira fondant en larmes. Alors Charette se trouva seul en face des soldats.

— Mes amis, leur cria-t-il, en mettant la main sur son cœur, ajustez bien :

c'est ici que des braves doivent frapper un brave (1).

Alors l'officier se mit à commander d'une voix forte, mais émue :

« Grenadiers ! attention ! etc. »

Au moment où le dernier mot, le terrible mot : « Feu ! » sortait de sa bouche, une jeune fille s'élança d'une des extrémités du demi-cercle, et vint jeter ses bras autour du corps de Charette.

Les soldats frémirent; un cri d'effroi fut poussé par tous les spectateurs. Sollicitude inutile, il était trop tard.

---

(1) Ces détails ont été donnés par un témoin oculaire.

CHAPITRE IX.

Aussi bien que le chef vendéen, la jeune fille avait cessé de vivre.

C'était Laurentine.

FIN DU TOME TROISIEME.

TABLE DES CHAPITRES.

		Pages.
Chap.	Ier. Jacquot deuxième.	1
	II. Le Comité.	22
	III. Le Coup-de-main.	47
	IV. Anasthasie-Liberté.	68
	V. La petite Robe.	83
	VI. Le Conseil de guerre.	113
	VII. Vengeance.	140
	VIII. Continuation.	159
	IX. Feu!	190

FIN DE LA TABLE.

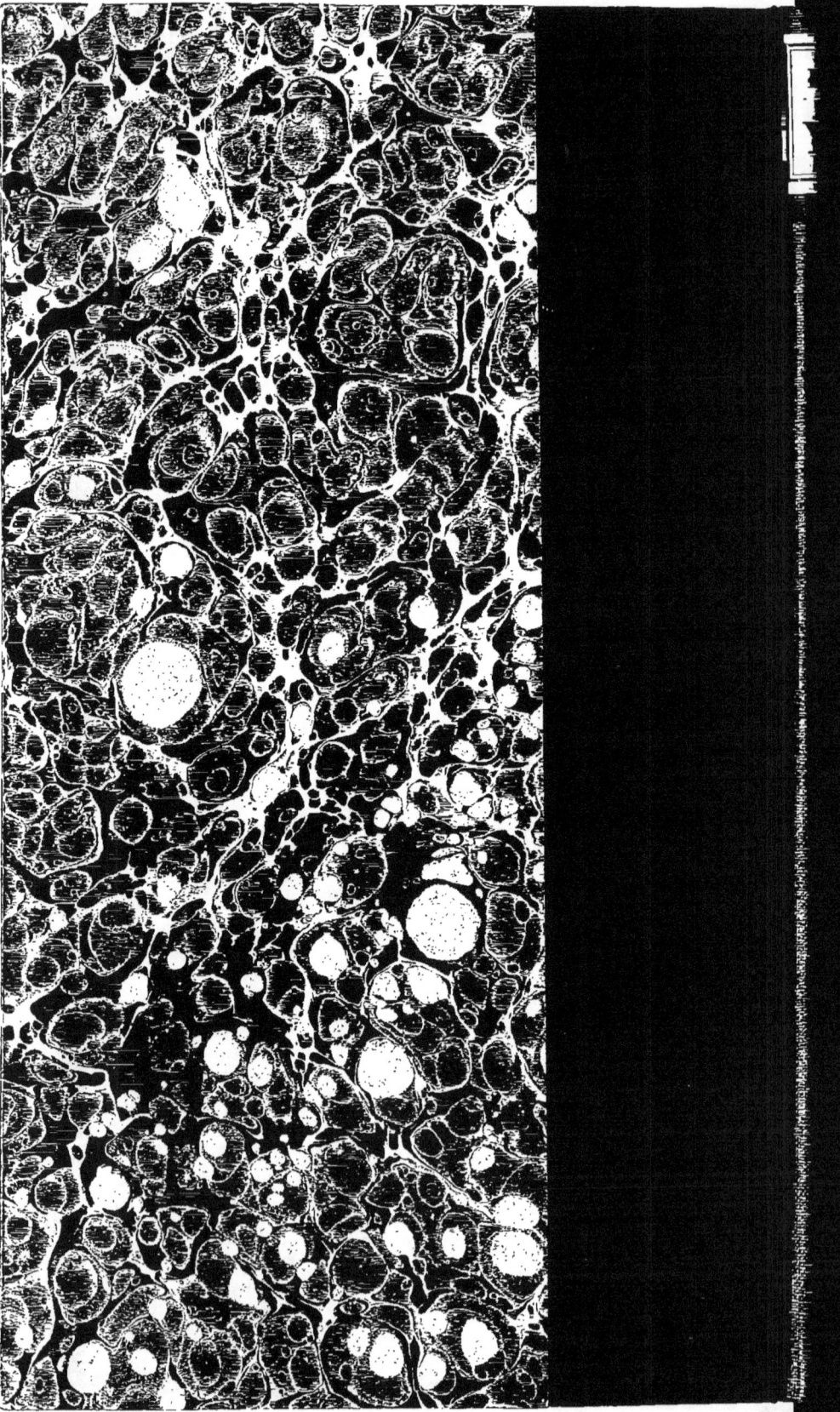

www.ingramcontent.com/pod-product-compliance
Lightning Source LLC
Chambersburg PA
CBHW071908160426
43198CB00011B/1218